防災イツモマニュアル

BOSAI ITSUMO MANUAL

はじめに

私たちが最初の本、『地震イツモノート』をつくったのは、2007年でした。

阪神・淡路大震災の被災者167人の声と工夫をまとめた一冊。

それまで遠かった防災を身近に考える、「キモチ」の防災マニュアルでした。

それから私たちは、さまざまな災害の現場から知見を集め、より良い防災をたくさんの方々と考え続けてきました。災害を重ねるたび、人も、防災も強くなる。災害大国ともいわれるこの国の、そんな力も、目の当たりにしてきました。

東日本大震災、たび重なる台風や豪雨被害。噴火、竜巻。近年も自然災害は起こり、これからも続くことでしょう。そして、新型コロナウイルスの感染拡大。今、「複合災害」、つまりウイルス感染と自然災害などが重なる脅威も、現実として迫っています。

この2020年、防災は、ひとつの新しい局面を迎えている。防災意識をアップデートする必要性を、みなさんも、感じているのではないでしょうか。

かつてないウイルスとの共存や、災害が必ず起こる未来のために、今できることは何か。

まず、私たちがこの本を出すに至った理由を、少しお話しさせてください。

「在宅避難が、これからの防災のカギになる」

そのことを今すぐ、少しでも多くの方に、伝えたかったのです。

災害といえば、避難。警報や注意報も避難の必要度が基準ですが、さて、「避難してください」と言われたとき、「避難しようかな」と心配するとき、どこを想像するでしょうか。

「避難所」しか、思い浮かべない人も多いのではないかと思います。

避難所は今、新型コロナウイルスのクラスター発生がとても心配されています。近年の台風襲来時、避難者が多かった都心では、受け入れ対象や定員問題も表面化しました。避難所の環境は、決して良くありません。派遣された自治体職員など数多くの関係者は、異口同音に「避難所の環境は、以前から驚くほど改善されていない」と話します。

深刻な衛生問題、栄養問題、ストレス。災害で助かっても、避難所での感染症で亡くなる方もいる。避難所のリアルは、被災者の「文句を言うべきではない」「仕方ない」という思いもあって、その深刻さとは裏腹に、あまり報道されていません。しかしこの避けがたい問題から〝避難〟する、解決策はある。それが、「在宅避難」です。

在宅避難は、風水害時の避難方法として取り上げられがちですが、震災時でも、自宅や親族・知人宅など「家」で安全を確保し、被災後の生活を営むことができます。避難所よりも、生活環境としてあらゆる面で良く、また、できる人が在宅避難することで、本当に避難所が必要な人たちに席を譲り、クラスター発生のリスクも減らせる。

避難所以外の選択肢は、在宅以外にも、テントでの避難、車中避難もあります。複数の避難先から状況に応じて選ぶことは「分散避難」といい、注目され始めています。

漠然と安心だから。家が壊れたら怖いから。備えていないから……だから避難所しかないと思うかもしれません。だったら、避難できる家にしてしまいましょう。

在宅避難のための備えは、今まであまり知らされてきませんでした。この本では、それを紹介したいと思っています。より強くなるために。みんなで強くなるために。

あの年、阪神・淡路の人々の声が教えてくれたことは、今、さらに広がっています。

「Save Yourself」、自分の身は自分で守ること。

「モシモ」ではなく「イツモ」、災害とつきあっていくこと。

すぐできそうなこと、ひとつでも。そのイツモが、あなたをきっと守ります。

防災イツモマニュアル 目次

1

最初に
確認しよう！
家の安全

SAFETY OF THE HOUSE

家を避難所にすることは、自分を、家族を、地域を守ること。

「避難」といえば、避難所。そう思ってはいないでしょうか。
しかし、避難所にはリスクもいっぱいです。
深刻な衛生問題、バランスを欠いた栄養問題、そして、
慣れない場所で知らない人に囲まれる生活の、重いストレス。
地域の全員を受け入れるだけのキャパシティも限られ、
今、ウイルスのクラスターが発生する心配も、あまりにも大きい。
避難所に行けばなんとかなる、と思ってしまう前に、
私たちは、避難先についての価値観を、アップデートする時です。
では、どうすればいいのか。

その答えが、まず、「在宅避難」です。
少人数で過ごすため、衛生問題が発生しにくい。
自分で選んだ備蓄で好きなものが食べられ、家で過ごす安心感もある。
避難所に入る人数を減らせば、本当に必要な人にゆとりをあげられる。
在宅避難で家族を守るとき、地域の誰かのことも、助けているのです。
家がむずかしい場合、車中での避難や、テントでの避難もあります。
避難所は最終手段として、避難先を自分で分散して用意しておけば、
状況ごとに、よりよい避難生活を送ることができます。
自治体の情報や、給水などのスケジュールは避難所で発表されるので、
避難所は、「情報や配給の基点」として毎日通う場所と考えます。
避難は家で。情報や物資は、避難所で。
それが、これからの被災生活の、ひとつのカタチです。
家を、「モシモ」のときも頼れる場所に。
そのための備えを紹介します。

ハザードマップを確認しよう

ハザードマップで、自分が住んでいる場所が在宅避難できる場所かどうかを確認しましょう。「ハザードマップポータルサイト」と検索して、住所を入力すると確認できます。

1　家がある場所に色が塗られていなければ在宅避難できる可能性大

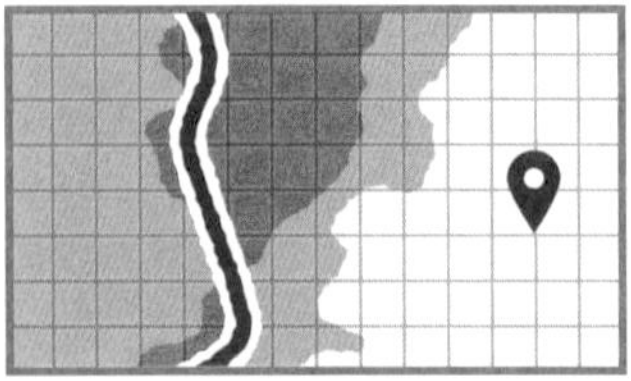

洪水ハザードマップ

「洪水浸水想定区域」に色がついている（浸水深により色が違う）。

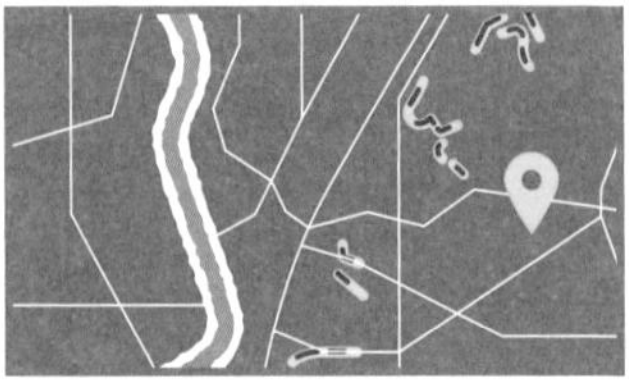

土砂災害ハザードマップ

「土砂災害警戒区域・特別警戒区域」に色がついている（危険度により色が違う）。

ただし、色のない場所でも周りと比べて低い土地や崖のそばなどに住んでいる場合は状況に応じて避難しましょう。

2　色が塗られていても、次の条件に当てはまっていれば在宅避難できる可能性大

1　「家屋倒壊等氾濫想定区域」に入っていない

↓

2　浸水する深さよりも高いところに住んでいる　「浸水深」を確認

↓

3　水が引くまで我慢できる（水・食料などの備えが十分にある）
「浸水継続時間」を確認

ハザードマップに「家屋倒壊等氾濫想定区域」や「浸水継続時間」の記載がない場合は、市区町村に確認しましょう。

複数の避難先を想定しよう

在宅避難ができないときは、状況に応じてより安全な行動を選択できるよう、複数の避難先を想定しておきましょう。

1　まず危険を回避する

指定緊急避難場所

危険度の高い場所にいる場合は、原則として市区町村が指定した「緊急避難場所」へ避難する。浸水等で避難経路が通れなくなることがあるので早めに避難を開始する。

災害の種類により避難場所が異なる場合があるので注意。

親戚・知人の家

安全な場所に「親戚・知人の家」があれば、そこへ避難するという選択も。

近隣の安全な場所

既に浸水が始まっていて移動が危険なときは、3階建て以上の強固な建物や小高い場所など「近隣の安全な場所」に避難する。

2　状況が落ち着いたら滞在場所へ移動する

避難所　自宅が被災し住めない場合は「避難所」に滞在する。

車　安全な場所に車を停め、車中生活を送る。

親戚・知人の家　長期滞在が可能であれば、親戚・知人宅に滞在する。

テント　安全な場所にテントを張り、テント生活を送る。

知っておきたい耐震基準

建築基準法とは、人の命を守るために最低限の基準を定めたもので、1981年と2000年に大きく変わりました。2000年の基準で建てられているかが、建物の安全性をチェックするひとつの目安になります。

1981年 5月以前	旧耐震基準	震度5強程度の揺れでも建物が倒壊せず、破損したとしても補修することで生活が可能な構造基準として設定されている。
1981年 6月以降	新耐震基準	震度6強〜7に達する規模の大地震に対しても、建築物に重大な損傷がなく、倒壊しないことが目標。
2000年 6月以降	新耐震基準 （2000年基準）	阪神・淡路大震災を受け、木造住宅に関する仕様規定が大幅に強化された。

熊本地震では、「2000年基準」に沿って建設された木造住宅のうち最大17棟が全壊・半壊。現行の基準では想定していない2回の震度7が起きたこと、また設計の配慮不足や施工のミスが原因だと考えられています。政府では耐震基準の見直しも含めた議論を進めていましたが、現行の「2000年基準」を維持する方針を明らかにしました。ただ、熊本地震で起きたことを考えると、「2000年基準」をクリアしているかに加え、専門機関に依頼して耐震診断を受けるなど、自宅の耐震について確認しておきましょう。

家の耐震を調べてみる

生活の場を安全にすることが、防災対策の基本です。まずは市町村に問い合わせて、自宅の耐震チェックをしてみましょう。建物の耐震化には、いくつかの方法があります。

屋根を軽くする

壁を増やす、
筋交いなどで壁を補強する

新しい壁を増やし
バランスを改善する

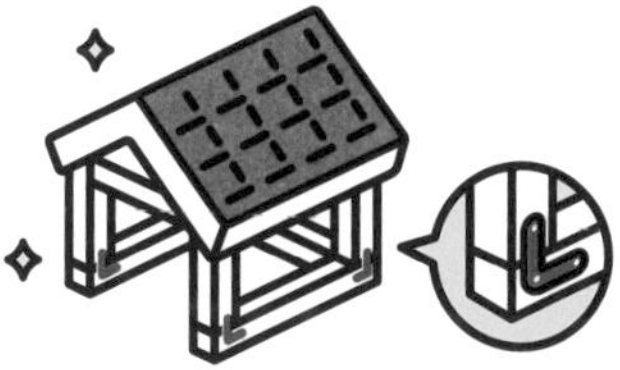

引き抜け防止用の金物で
土台と柱を固定する

POINT

家全体の耐震化が難しい場合、まずは寝室など一部屋だけ耐震を強化しておくという選択肢もあります。

車中泊の事前準備

安全な場所で車中生活を送ることも選択肢のひとつ。車は装備や工夫で快適な居住空間になると同時に、ケガ人や物資を運ぶ時にも活躍する災害時の強い味方です。

安全な場所を確保

普段の駐車場所は安全か、
気になる点があれば、
事前に対策を講じておく。

フルフラットになるかどうか確認

フルフラットにならない場合は、段差やすき間を埋めるクッションやタオルを積んでおく。

ガソリンは常に半分以上をキープ

災害時はガソリンが不足し補給困難に。「半分以下になったら給油する」という習慣を身につけておく。

ふた付きのキーボックスなど

鍵は安全な場所に

地震の揺れで飛んだり落ちたりしない場所に鍵を置いておく。

POINT

自分の車や駐車場所と照らし合わせながら、
事前に準備をしておきましょう。

取材協力（P.16～18）：CarLife Japan代表・一般社団法人日本カーツーリズム推進協会事務局長　野瀬勇一郎さん

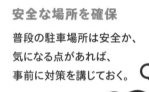

車中泊の基礎知識

基礎知識を知っておくことで、より快適な車中生活を送ることができます。車中泊を試す場合は、快適に過ごせる春や秋がおすすめです。

車内の温度を快適に

夏は風通しが良い所や日陰に駐車する。タープや車用の日傘の活用も有効。冬は日の当たる場所に。

プライベートを確保

窓に新聞紙を張ったり、ひもで服やシート、タオルを吊るして目隠しにする工夫を。

アイドリングストップ

寒波や猛暑など命にかかわる場合を除いて、アイドリングストップが基本。やむを得ずエンジンをかける場合は、マフラーが雪に埋もれて起こる「一酸化炭素中毒」に注意を。

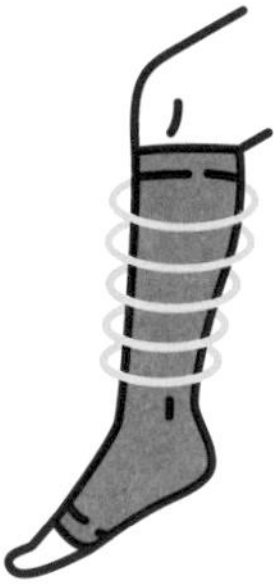

エコノミークラス症候群の予防

姿勢が固まると血管が詰まるリスクがあるため、定期的に適度な運動を。予防効果のある弾性ストッキングも有効。

POINT

エンジン停止中の長時間点灯で、バッテリーが上がり、車が動かなくなることがあるので注意しましょう。

車中泊のおすすめグッズ

車はテレビ、ラジオ、ライト、電源等が標準装備されている他、グッズを置いておけるのが特徴。汎用性の高い日用品を普段から車に積んでおきましょう。

クッション、タオル
段差やすき間を埋め、就寝時に体を平らに。

レジャーシート
窓に張り日差しや視線を遮断する。

洗濯ひも、テープ
車内での衣類整理や目隠し自作の際に。

シガーソケット
複数口の車載用充電器が便利。

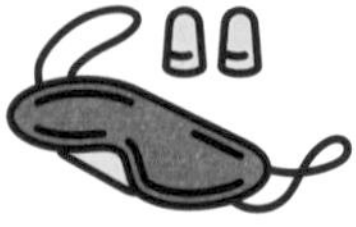

アイマスク、耳栓
就寝時、周囲の光や音が気になる時に。

銀マット
目隠し、断熱、寝る際のマットなど多目的に。

携帯トイレ
公共トイレが使用できない時用に常備。

ウェットティッシュ
身の回りの清潔な環境確保に。

ライト
車内照明として必須。電池も忘れずに。

▶マスクやアルコール除菌剤など、感染対策グッズも準備しておきましょう。

テント泊の場所の選び方

庭や公園などでテント生活を送ることも選択肢のひとつ。趣味のアウトドアの延長で災害時の備えができるのが嬉しいポイント。普段からテントが設置できそうな場所を探したり、休日にキャンプに出掛けたりしてみましょう。

夜間に明るすぎない

街灯の光が明るすぎて
眠れないことが
あるので注意。

水源や避難所が近くにある

情報や物資が集まる場所に
出入りして、
孤立しないように。

平坦な土地

ペグを打てる土や
芝の所がおすすめ。
水はけが悪い場所は
避ける。

高い建物から離れる

建物倒壊の危険や
ビル風などの影響が
ない場所がおすすめ。

POINT

▶災害時は刻一刻と状況が変わります。臨機応変にテントの場所を移動できるようにしましょう。

▶テントは案外声が漏れるので、大声での会話は控えましょう。

取材協力（P.19～21）：無印良品キャンプ場

テント泊のアイテムの選び方

避難生活の長期化を視野に入れて、家族がゆったり過ごせる大きさのテントを準備しておきましょう。どれを買えばいいのか迷ってしまう場合は、詳しい人に相談したり、レンタルで試しながら自分好みのアイテムを見つけましょう。

グランドシート　2枚

▶地面からの熱や湿気を遮断
▶水の侵入を防ぐ

テント

▶自立型
▶家族の人数に合ったもの
●テントは人数表記に注意。4人家族ならば、5～6人用がおすすめ。
▶初心者はポリエステルやナイロン製のものがおすすめ
▶入口は風下側に

寝袋

▶真冬を想定したもの
▶良いものを長く使う

テント泊のおすすめグッズ

キャンプ用品を買いそろえる必要はありません。家にあるものをどう持ち出すか、どう工夫して活用するかが大切です。

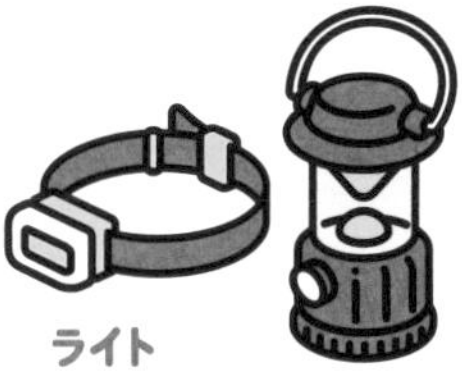

ライト
夜に一番明るいものをテントから離れた所に置いておくと虫よけに。

ポータブル電源
発電&充電用のソーラーパネルをセットで。

ライター・マッチ
いろいろなタイプのものをバラバラに収納しておく。

水をためるもの
小さくたためるタイプがおすすめ。

カセットコンロ
ケース付きのコンパクトなものを。

魔法瓶水筒
保温・保冷機能に優れたものを。

クーラーボックス
食材の保管用のほか、椅子としても活用。

ラップ
食器に被せて水を節約。ロングタイプを。

レジャーシート
雨除けやタープなど多用途に活用。

▶季節に合わせて、湯たんぽや虫よけも準備しましょう。

COLUMN

避難所にできる家を持つ。そのつくり方、見つけ方、直し方。

お話をきいた人
東京ガスリノベーション株式会社
CS推進部

災害から身を守り、その後の生活を在宅避難で可能にするために、何よりもまず大切なのは、家というそもそものハコが、安全かどうかです。

新築で建てる場合と、中古住宅・リフォームで家を見つける場合の注意点について、耐震リフォームなどにも詳しい東京ガスリノベーションに聞きました。

「まず新築の場合は比較的簡単で、『長期優良住宅』の認定を受けた家か、『フラット35』の技術基準に則った仕様にすること。建て売りでも注文住宅でも、まずこの二つのどちらかを満たすよう希望を住宅メーカーや工務店に伝えるといいでしょう」

「長期優良住宅」は国が施行した制度で、長期にわたって良好な状態で使用できることを認定した住宅です。「フラット35」は金融機関が専門の機構と提携して扱う住宅ローンで、民間のローンとは違い、断熱性や耐久性も含めて安心できる住まいの技術基準を定め、第三者機関による物件検査で安全をチェックしているので安心です。ただ、中古住宅・リフォームはこういった統一された基準がなく、個々のチェックが大変そうですが……

「大丈夫、中古住宅については、現地調査で安全性のチェックをする『既存住宅状況調査技術者』というプロがいるんです。建築士しか取れない国の資格です。気になる家を見つけたら、調査技術者を『住宅瑕疵担保責任保険協会』の公式サイトから探してみてください」

最初の物件探しにあたっては、まず自分でチェックできる点を押さえておきましょう。

耐震性については、中古住宅の「確認申請書類」と「検査済証」を確認すること。

「確認申請書類は、建築基準を踏まえて、役所に『この場所にこういうものを建てます』と申請する書類。検査済証は、建物が法令に適合していることを役所が証明する書類です。１９８１年6月、２０００年6月に、耐震基準が改正されているので、この建築年が耐震強度の見きわめの目安。中古物件を買う時は、売り主さんにこれらの書類があるか、必ず確認しましょう。賃貸物件の場合は、不動産業者に建築時期をまずは聞いてみて」

ただしひとつ注意も。２０１６年の熊本地震では、震度7の地震が二度発生し、新耐震基準の建物でも、木造家屋には倒壊などの被害が出ています。日本建築学会は、「基準にとらわれず、耐震性能をさらに高めること」の必要性を説いています。

一方、風水害に強いかどうかは、立地や家のつくりをまず確かめること。自治体の防災マップで土砂災害警戒区域や、洪水が起こった際の浸水想定区域に入っていないかどうかが第一。第二が、家のつくり。この二つはリフォームで改善とはいかない点なので、まず最初に注意しておかなくてはなりません。

「家のつくりで避けたほうがいいのは、基礎が低い家。浸水などを考えると、地面から土台までの高さが40センチはほしいです。それと、半地下の駐車場。駐車場がこのタイプの場合は、排水ポンプがあるか、適切に作動するか、耐用年数は十分か確認してください」

できるだけ安全な条件をチェックして家を決めたら、次は安全性を高めるリフォーム。ただしすぐにリフォーム業者を探すのではなく、その前に、やっておくことがあります。

「まず役所へ相談です。耐震など安全に関わるリフォームに対しては助成制度も多いのですが、契約や工事着手前の申請が必要で、施工業者が指定されている場合も。時期や自治体によっても内容が違い、種類も多くてややこしいので、まずは直接相談が簡単です」

助成のチェック後、業者に依頼して診断や調査を行い、リフォーム内容を決めます。

「リフォームはまとめて行うほうが予算を抑えられます。制度によっては、全体の解体費用も助成の対象になります。風水害対策としては、雨戸やシャッターの設置、窓からの水漏れを防ぐシーリング打ち換え、バルコニーや屋上の防水などがありますね。耐震リフォームは、『壁の強化』『柱の引き抜け防止（ホールダウン金物の取り付け等）』『建物の重さと強さのバランス改良』『耐震補強と制振装置の設置』など。耐震診断は6～10万円程度です」

もちろんこれらのリフォームは、今住んでいる家にも可能。避難所にできる家をつくる、そのためのさまざまな方法と支援があります。まずは家を知ることも、大きな出発点です。

2

小さな工夫で
大きな効果！
家具の転倒防止

SAFETY OF FURNITURE

家具を守ると、家族も守れる。その家具を「凶器」から「味方」に。

家具の対策、なんだか面倒。動かすのも大変だし、
こんな重いもの、倒れなそう。そう思う人が、多いようです。
でも大地震では、家具は驚くほど動き、
おそろしい勢いで飛んできて、あなたや家族を襲います。
転倒防止対策はもちろん、たとえば配置を考え直す。
それだけでも大きな違いになります。
対策をしておけば、揺れが収まるまで落ち着いて待って、
地震のあとはすぐ次の行動に移れます。
被災直後の動きを、大きく左右するのが家具なのです。

さらにこれからは、
「被災後、そこで生活する」ことも大切です。
あらゆる災害で、在宅避難を考える時代。
その時、生活空間をキープできることが、
家で避難生活を送れるかどうかの、
ターニングポイントになるのです。
どんなに耐震性の高い家を買い、土地にこだわっても、
家具が倒れれば、生活に必要なスペースは確保できません。
壊れたものであふれれば、在宅避難どころか、
家は負担になってしまいます。ケガをしないためだけでなく、
在宅避難を可能にするには、家具の対策は、ぜったいに欠かせません。
今まで以上に、転倒防止について、考える時です。
ひとつの対策が、いくつもの安全につながる。それが、家具の防災。
まずは次のページを開くところから、始めてみましょうか。

家具転倒防止グッズの効果

単独使用で最も効果が高いのはL型金具ですが、「ポール式」と「マット式もしくはストッパー式」を組み合わせて使用すれば、同じような効果が出せます。

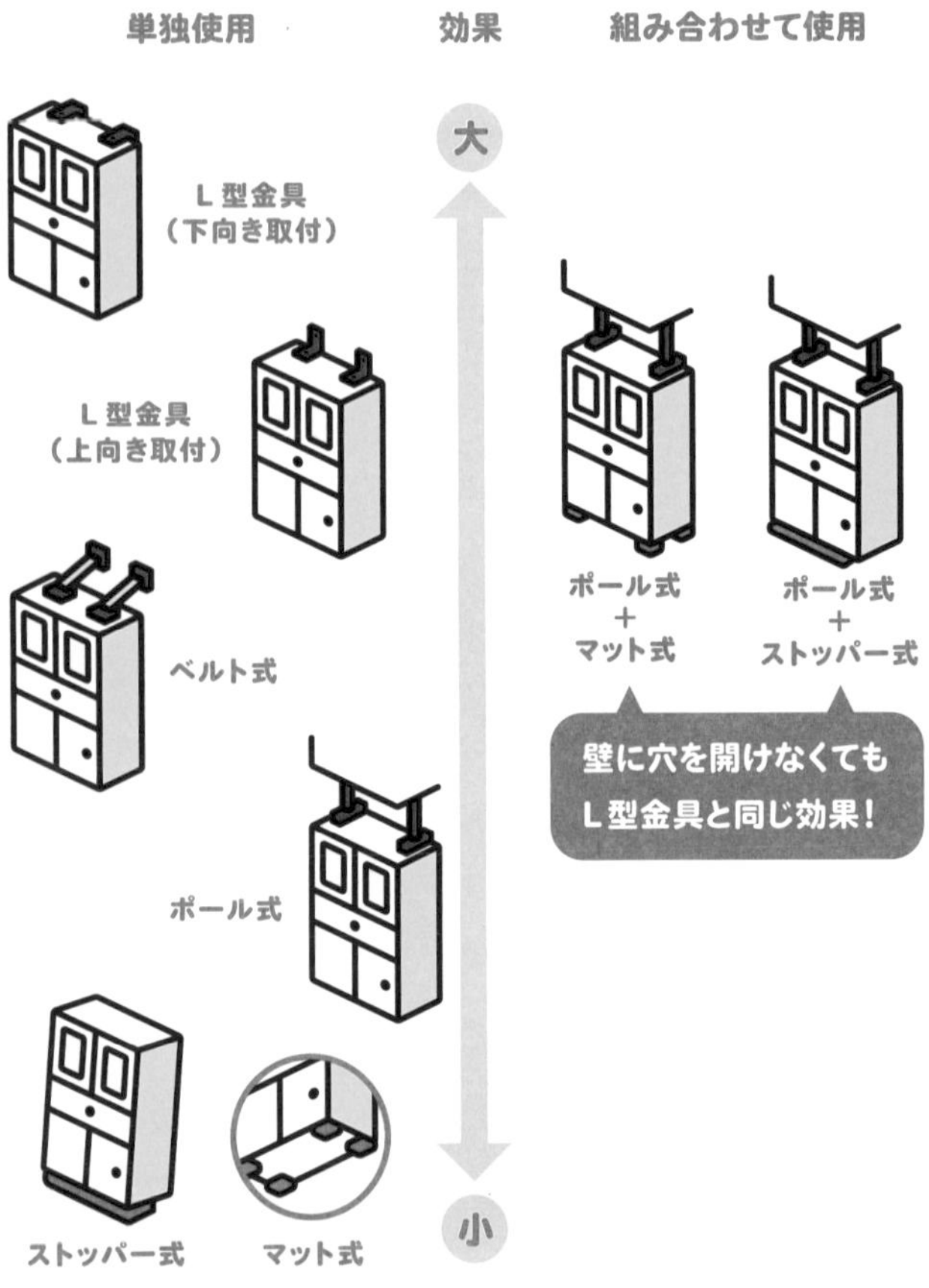

転倒防止グッズを取り付けるポイント

家具転倒防止グッズは、種類によって、取り付ける際のポイントがあります。それぞれ正しい方式で取り付けましょう。

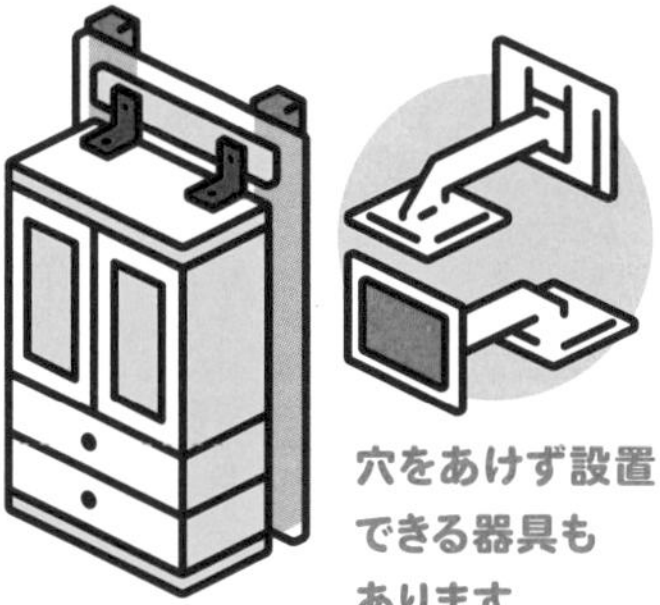
穴をあけず設置
できる器具も
あります。

L字金具

壁の下地材に、もしくは横板を下地材に固定し、その板に取り付ける。下地材の位置は、市販の探知機等で探す。

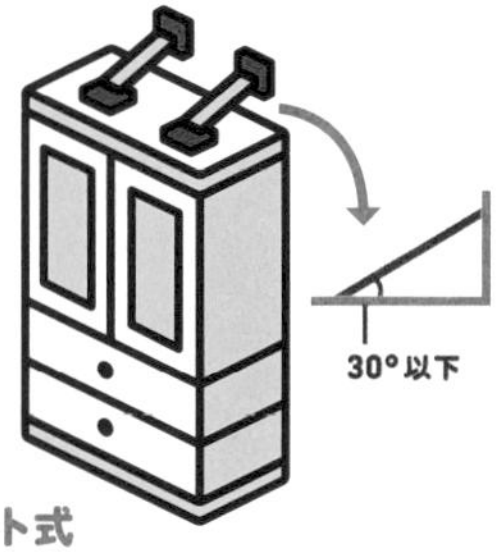
30°以下

ベルト式

壁と家具を強粘着シールで固定。一般的な壁であればほぼ問題ないが、凹凸の激しい壁などは、効果が得られないことも。

棚の端から
3cm程度
あける。

ポール式

家具の両端、壁側（奥側）へ設置。天井に強度がない場合には、厚めの板を天井と器具の間に挟む。

ストッパー式

家具の幅に合わせてカットし、前下部に挟み込む。

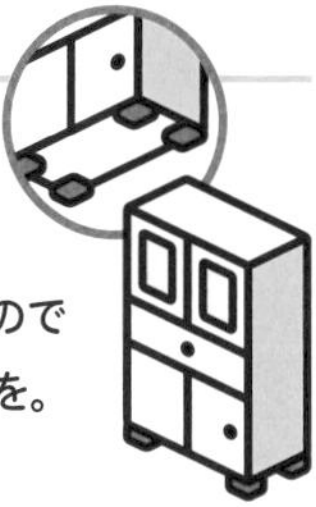

マット式

四隅に貼る。耐荷重があるので購入時に注意を。

身近なものを活用する転倒防止策

段ボール箱と滑り止めシートなど身近なものを使って組み合わせても、L型金具（上向き取付）と同じ効果を出すことができます。

段ボール箱ですき間を埋める

箱とタンスの間に粘着マットなどをはさみ、一体化させる。

天井と箱のすき間は2cm以内にする。

滑り止めシートを敷く

地震の揺れで家具が前に滑り出ないようにする。

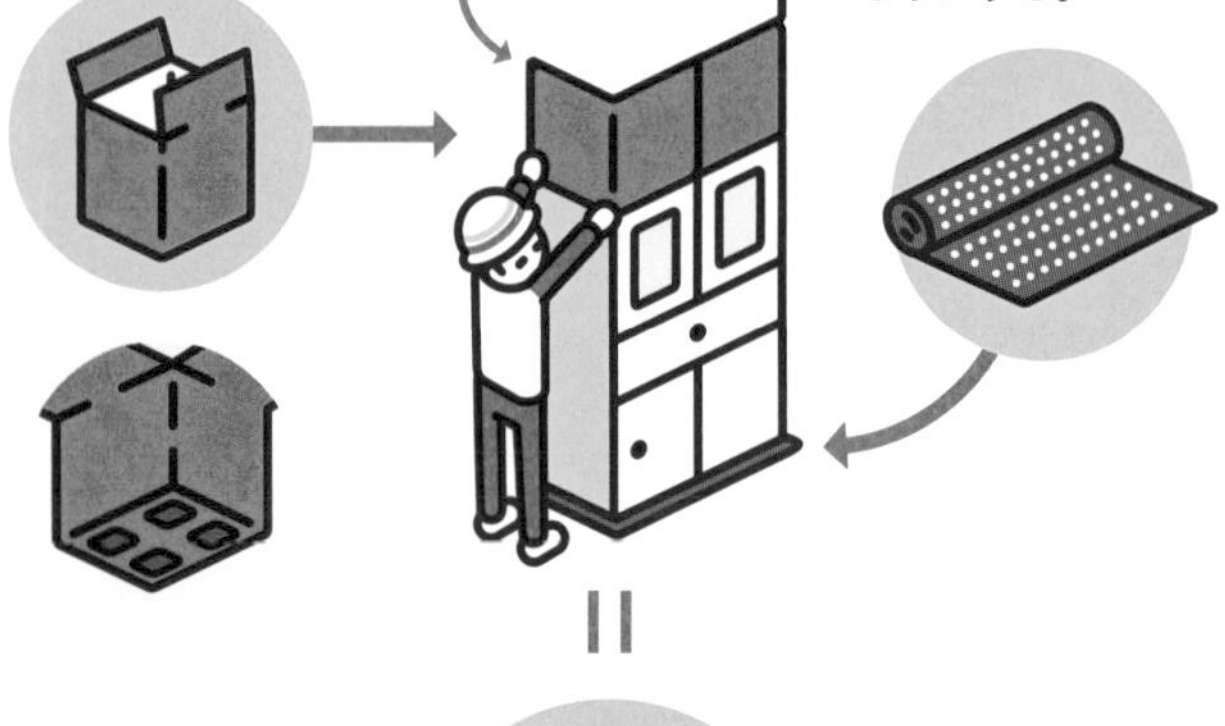

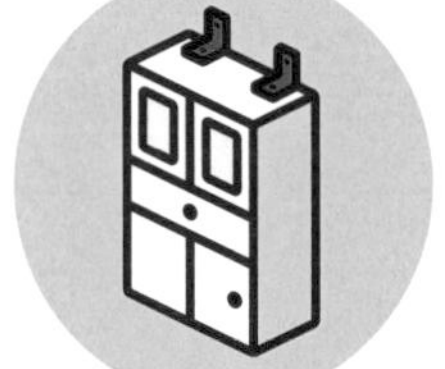

L型金具（上向き取付）と同等の効果

リビングの安全対策

家具だけでなく、テレビや本棚などもしっかり固定しましょう。吊り下げ式の照明も注意が必要。振り子のように揺れ落下する恐れがあるため、天井直付式の照明がおすすめです。

照明の対策

天井直付式
または固定器具
をつける。

本棚の対策

本体は上下で固定する。

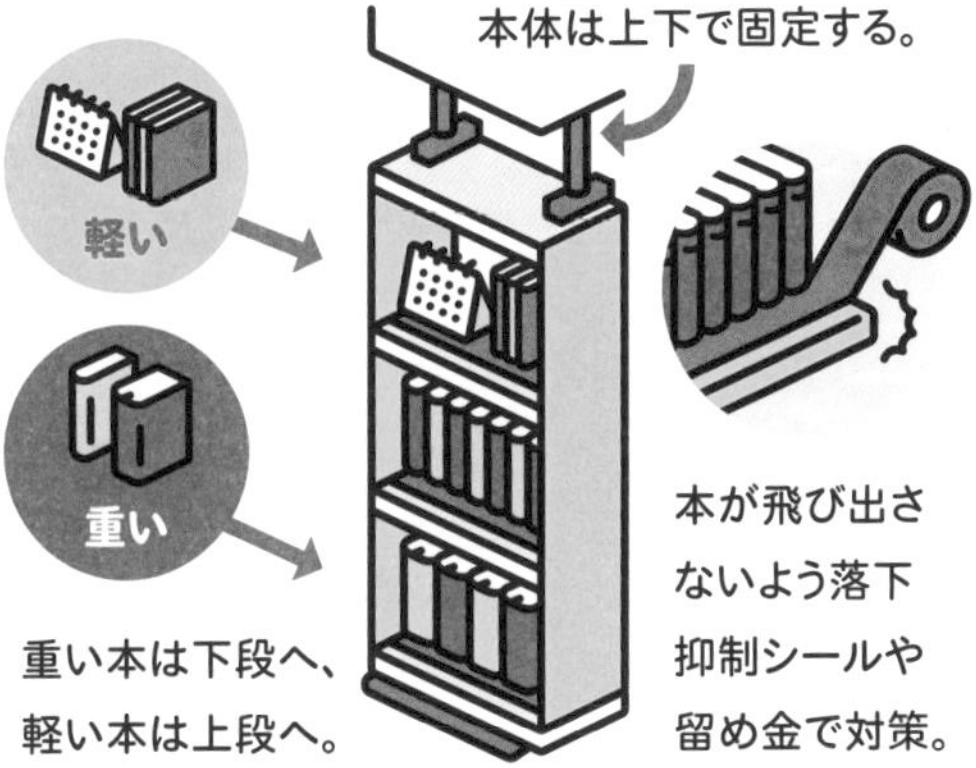

重い本は下段へ、
軽い本は上段へ。

本が飛び出さ
ないよう落下
抑制シールや
留め金で対策。

液晶テレビの転倒防止

粘着マットやストラップ式器具でテレビ台と固定する。テレビ台の固定も忘れずに。

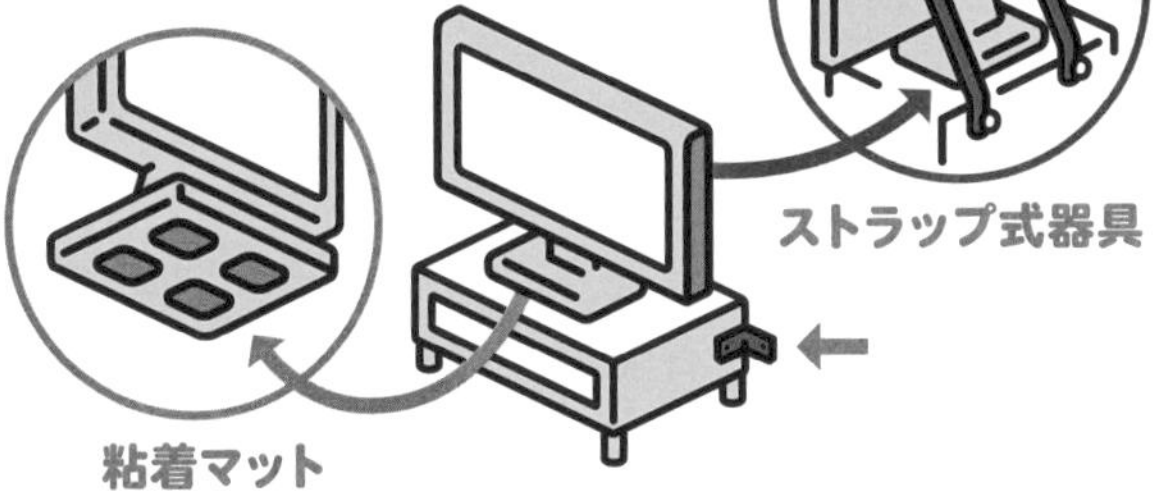

キッチンの安全対策

食器棚が倒れたり、開き戸や引き出しから食器が飛び出したりすると、床に刃物が散らばっているような状態になります。

食器棚の対策

食器棚本体を
上下で固定。

滑り止めシートを敷く。

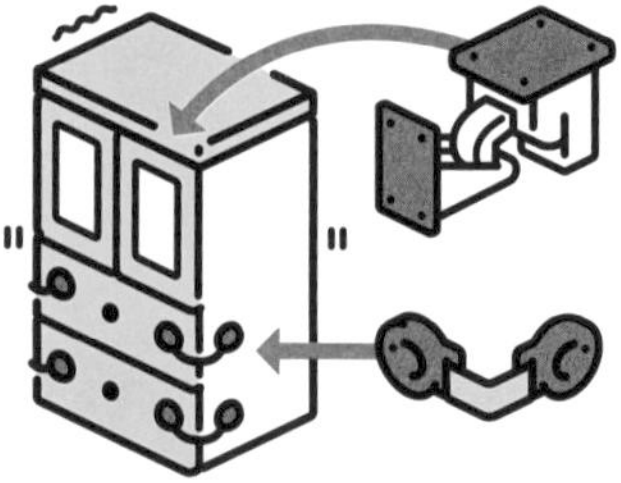

開き戸・
引き出し
飛び出し防止
器具を設置。

冷蔵庫の対策

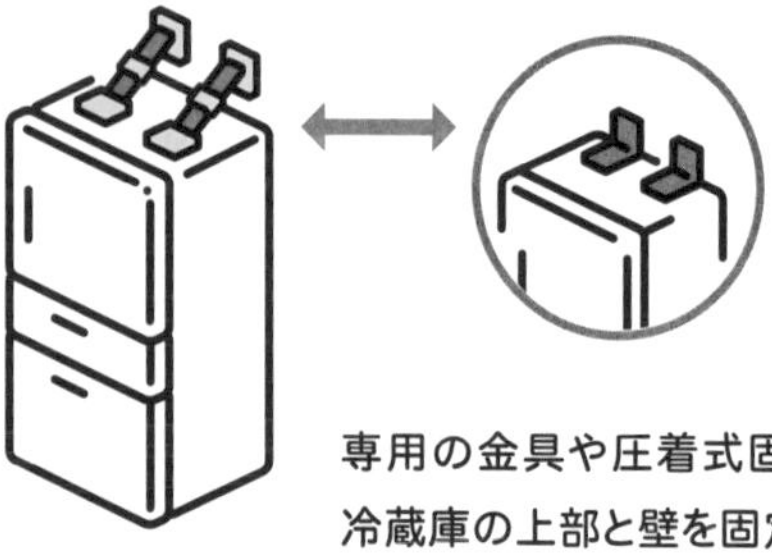

専用の金具や圧着式固定器具で
冷蔵庫の上部と壁を固定。

子ども部屋&寝室の安全対策

かわいい部屋ほど、災害時には、こわい部屋になります。子ども目線で部屋を見直し、危険なものを取り除いておきましょう。

棚の上の置物

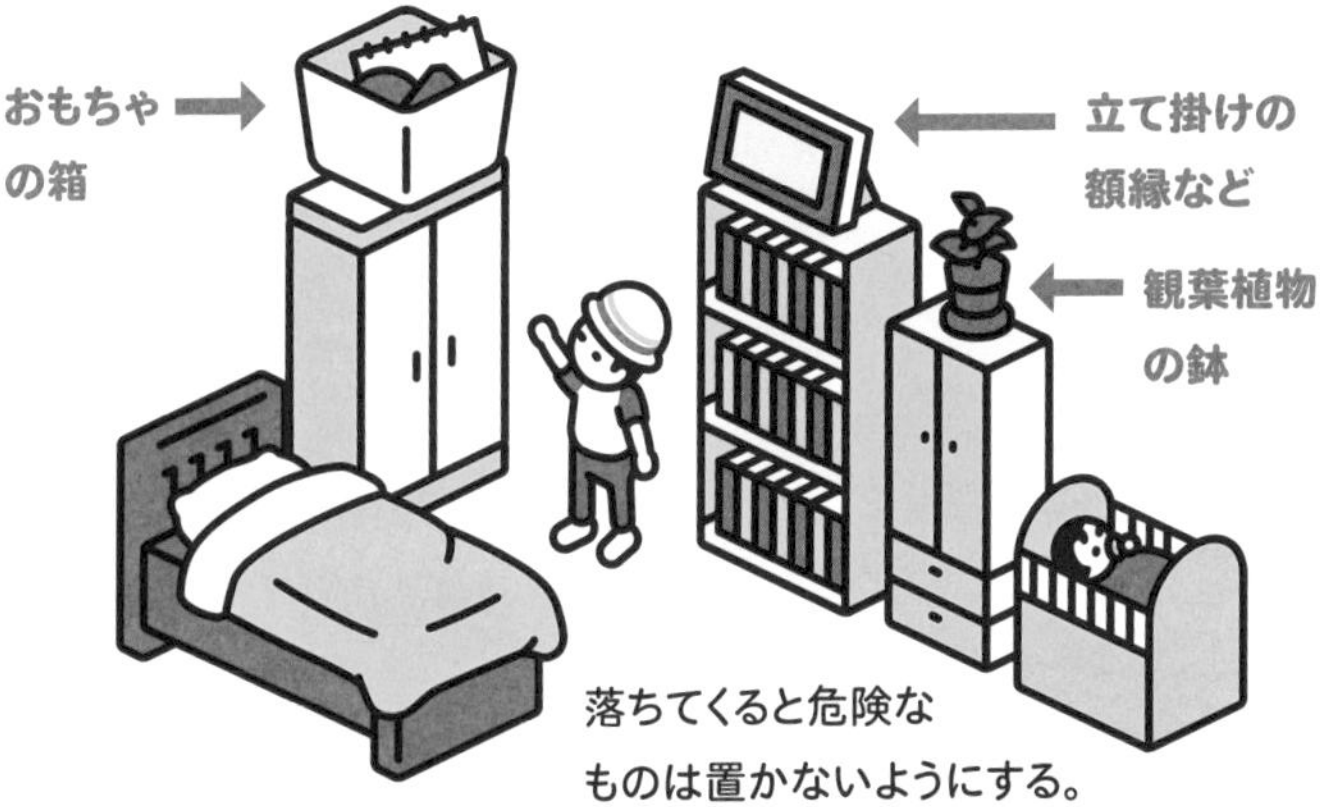

落ちてくると危険なものは置かないようにする。

配置の工夫

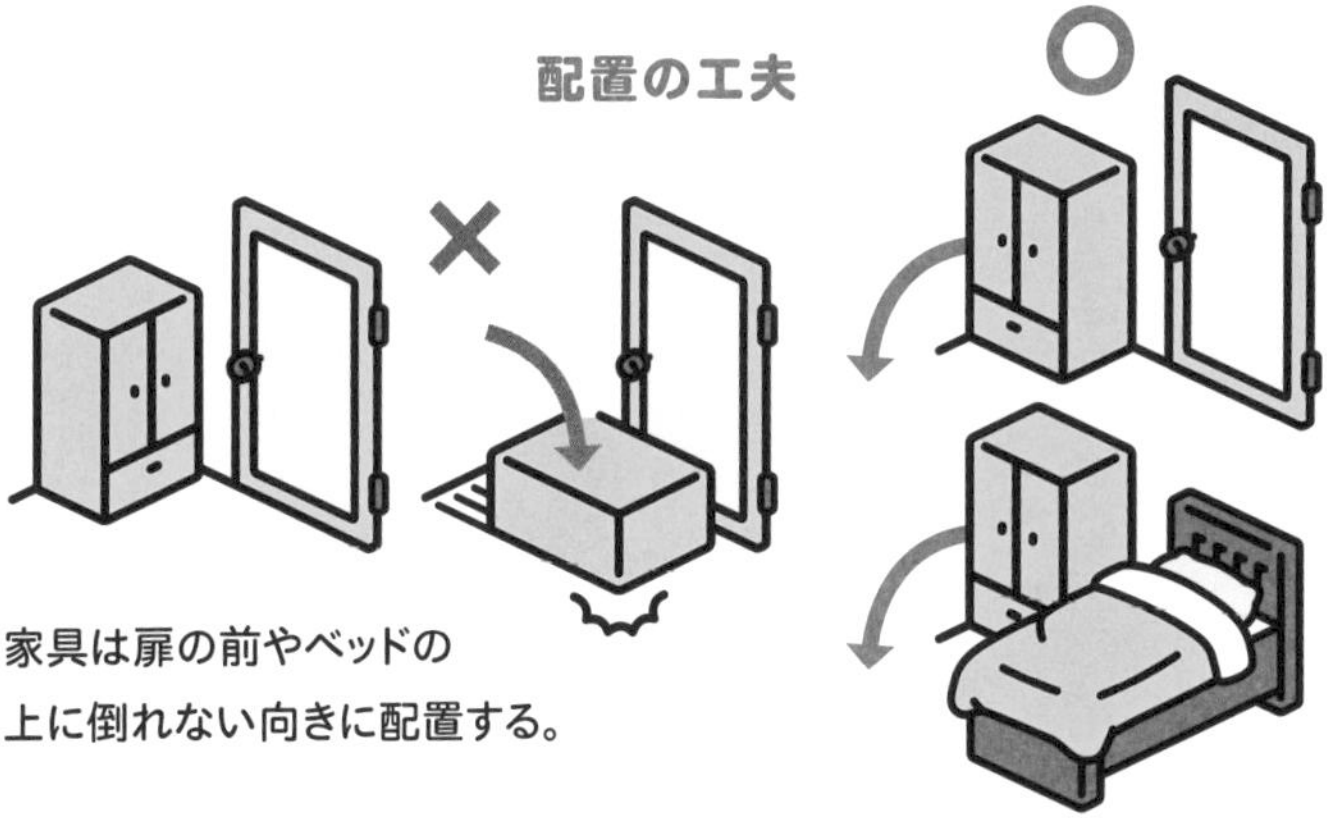

家具は扉の前やベッドの上に倒れない向きに配置する。

おすすめの家具転倒防止用グッズ

NPO法人プラス・アーツが独自のリサーチによってセレクトしたおすすめの商品を紹介します。ぜひ購入して、家具の転倒防止対策をしましょう。「いつかやろう」ではなく「今やろう」です。

Amazon

楽天

各商品の機能を保証するものではありません。

割れないガラスはない

地震でガラスが割れる原因は、揺れによる建物のゆがみではなく、物が当たって割れることがほとんどです。家具の配置を見直したり、カーテンで飛散防止をしましょう。

昼間は薄いレース、
夜間はカーテンを引いておく。

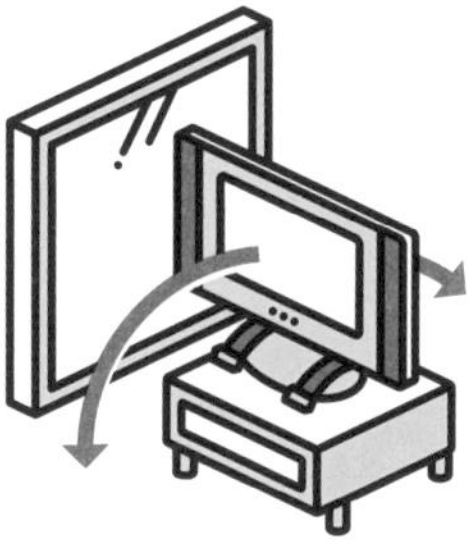

倒れても窓ガラスに
当たらないよう家具を配置する。

窓の近くにある植木鉢にも注意。

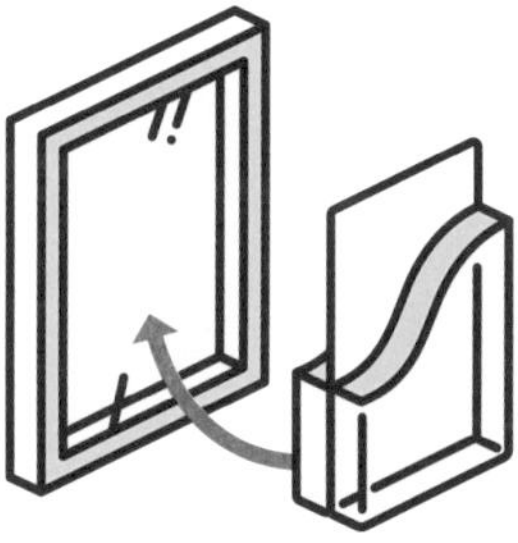

「合わせガラス」など耐震性に
優れたガラスに替える。

COLUMN

そのガラスを凶器にしない。ポイントは「割れかた」と「割れたあと」。

お話をきいた人

AGC株式会社

「割れないガラスは、つくれません」

災害を想定した商品開発をし、ガラスメーカーの視点から防災知識の発信も行うAGCは、そう断言します。ガラスの性質上それは避けられないのです。

「では何を考えるか。それは、割れたあとを、どこまで安全にできるかです」

まず、建物の窓ガラスは、台風や竜巻による強風には耐えるよう強度設計されています。割れる原因の大半は、石や枝など、暴風による多くの飛来物。飛来物で窓ガラスや屋根、壁などが破損すると、その破片がさらなる飛来物になるという被害のスパイラルも生まれます。さらに、阪神・淡路大震災でも、負傷原因の29%※がガラス片でした。

「地震の場合でも、揺れ自体ではなく、揺れで飛んでくる家具や飛来物によってガラスが割れていました。小石程度でも甘く見てはいけません。衝撃実験によると、手のひらに載る80グラムの瓦ひとつでも、風速60メートル程度でぶつかれば、普通の一枚ガラスは一面こなごなになる。この破片をつくらないことが、まず一歩ではないでしょうか」

マンションなどに多い「網入板ガラス」は破片が飛び散りにくいといわれます。また、「強

※「阪神淡路大震災　住宅内部被害調査報告書」(日本建築学会)

化ガラス」も強度は高いですが、これらは災害対策としてはどうでしょうか。

「実は、網入板ガラスは普通のガラスより割れやすい。そもそも防火目的のガラスで、飛来物が強く当たると網も貫通します。強化ガラスは、破片が粒状で大ケガは防げる一方、一気に崩れ落ちるのが問題なんです。風雨がしのげなくなってしまいますから」

すぐ修理もできない災害時、在宅避難を可能にするには、窓の維持も必要です。ケガをせず、割れてもしばらく生活が継続でき、被害を広げない。それを可能にするガラスとしてAGCがすすめているのが、「合わせガラス」です。

『合わせガラス』は、割れにくいのはもちろん、割れたあとの安全を考えたときに最適なガラスです。強靭で柔軟な特殊フィルムを2枚のガラスで挟んだ構造で、飛来物は貫通せず、割れた破片は飛散しないだけでなく、脱落もしません」

このようなガラスを窓に使い、さらに室内の家具の転倒・落下対策をしておけば、家の中は、台風や地震などさまざまな災害に対応できる〝シェルター〟になる（耐震構造の建築が前提）。そんな使い方を提案しています。

「一室でもそういう場所があると安心です。家具が少ない寝室の窓だけ合わせガラスにし、風雨が入りにくい場所や戸棚のガラスには飛散防止フィルムを貼るなど使い分けても」

災害時のガラスを、味方にしておく。それは在宅避難の大切なポイントになりそうです。

4種類のガラスの比較

ガラスに物がぶつかった時の状況	破損した場合の人体への影響	破損後の状態
フロート板ガラス 一般的なガラス。強い衝撃では衝撃物は貫通し、鋭利なガラス片が脱落し、飛散。	×	×
網入板ガラス 破片の飛散は、ある程度防止できるが、強い衝撃では衝撃物が網を破り、貫通してしまう。	△	△
強化ガラス 強度は、フロート板ガラスの約3倍だが、破損すると衝撃物は貫通する。しかし、破片は細かい粒状になり、大きな損害事故を減少させる。	○	×
合わせガラス 特殊フィルムは、ガラスに強力に接着しているため、万一のガラス破損時も、破片の飛散を最小限に抑え、サッシからの脱落もしにくくなる。	◎	◎

3

サバイバル×
電気＆ガス

ELECTRICITY & GAS

電気とガスが止まった。
そのとき命綱をつなぐのは、
自分です。

暮らしを支える電気・ガス・水道。
これらは「ライフライン」つまり「命綱」と呼ばれます。
災害は、これを、断ち切ってしまうものでもあります。
そして、経験したことのない生活が始まります。
でも、この被災後の生活がどんなものか、いつまで続くかを知っておけば、
経験はなくても、「想像したことのある生活」にすることができる。
考えられる被害と、復旧までの道のりをシミュレーションしておくと、
被災した後の、心の持ちようも、動き方も、大きく変わります。

たとえば、ふだん想像しにくいところでは、
「停電によって、思わぬところが使えなくなる」ことがあります。
近年、台風の襲来後、多くのマンションが長期断水しました。
地域の水道管や、水道局が被災したわけではありません。
各戸に水を運ぶためのポンプが、停電で動かなくなったからです。
台風の停電は、地震に比べて高い頻度で起こるにもかかわらず、
高層マンションのその仕組みを、知らない人も多かったそうです。
停電でも断水しない供給システムを持つマンションもあるので、
これからは、そんな部分もチェックされるようになるかもしれません。
今は、IHや水栓など、家の身近な機器や設備をはじめ、
さまざまなものが、想像以上に電気で管理されていたりもします。
テクノロジーが進化すれば、
ライフラインの姿も変わる。
まず知ることが、命綱をつなぐ、最初の一手です。

明かりがあると安心

災害時、明かりがあるだけで安心感がまるで違います。被災者からは、１カ所のみを照らす懐中電灯よりも、まわりを広く照らすランタンが使いやすかった、という声がありました。

家の照明にはランタン

ランタンであれば周辺を広く照らせます。リビング、キッチン、トイレの3カ所に置いておきましょう。

自分用の明かりは ヘッドライト

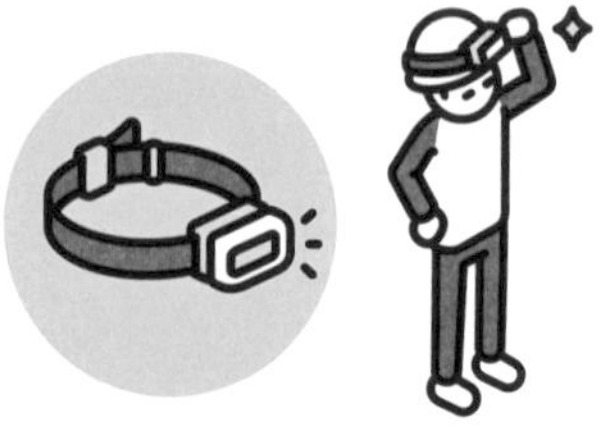

災害時は両手を使う場面がたくさんあります。安全のためにも、ヘッドライトは1人1個用意しておきましょう。

カセットボンベ使用の自家発電機

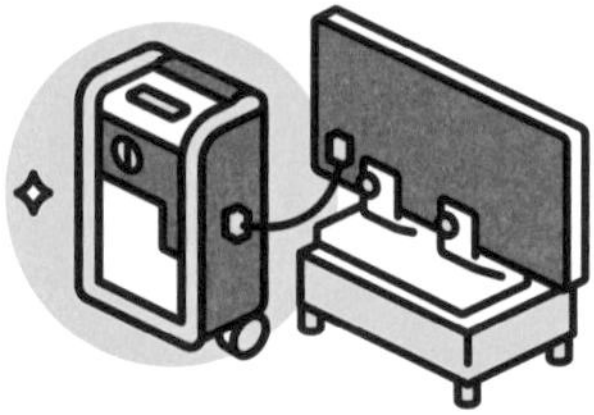

カセットボンベを燃料とする自家発電機※もあります。
携帯電話の充電や、テレビ、暖房器具などに使用できます。

※屋内での使用が禁止されている製品もあります。

電気による二次災害を防ぐには

電気による火災や感電を防ぐために、災害直後と避難の際は、次のことに注意しましょう。

1　使用中の電気器具のスイッチを切り、プラグをぬく。

アイロン、ドライヤー、トースターなどの熱器具は、火事の原因になりやすいので、すぐにスイッチを切り、プラグをコンセントからぬきましょう。

2　避難する時には、ブレーカーを切る。

避難する時は、電気器具のスイッチの切り忘れによる火事や事故を防ぐため、ブレーカーは必ず切りましょう。

3　切れた電線にはさわらない。

切れてたれ下がった電線には、絶対に手をふれないようにしましょう。

また電線に、木や看板、アンテナなどがふれている場合はたいへん危険です。すぐに電力会社へ連絡しましょう。

4　こわれたり、水につかった電気器具は使わない。

地震でこわれたり、水につかった電気器具や配線類は、漏電《ろうでん》などの原因となり危険なので、使用しないようにしましょう。

感《かん》震《しん》ブレーカーがあると安心

ブレーカーを落としてから避難する余裕がない場合もあります。自動的に電気を遮断《しゃだん》してくれる感震ブレーカーがあれば安心です。

感震ブレーカーの種類

分電盤タイプ

家の全ての電気を遮断します。
内蔵型と後付け型の2つがあり、
どちらも電気工事が必要になります。

簡易タイプ

分電盤のスイッチに接続するもので、
おもり玉の落下またはバネの作用などに
よりスイッチを落とし、電気を遮断します。
比較的安価で、工事が不要です。

コンセントタイプ

個別のコンセントの電気を遮断します。
既存のコンセントに差し込むタイプと、
取り替えて埋め込むタイプ（要工事）が
あります。

電気を使用する医療器具などがある家庭では、設置について注意が必要です。

消火器の使い方

災害時はすぐに消防車は来ません。そのため消火は、まわりの人たちと協力して実施しなければなりません。正しい消火器の使い方を覚えておきましょう。

1

黄色い「安全ピン」の輪に指をかけ、思いきりピンを引き抜く。

2

ホースをはずし、安全な距離をとり、火に向けてかまえる。

3

消火器のレバーを強くにぎり、火に向けて吹きつける。

4

火の根もとを、ほうきではくように消火剤をかけて消す。

ガスメーターは自動的に止まる

家のガスが止まってしまったら、まずガスメーター（マイコンメーター）を見てみましょう。

メーターの赤ランプが点滅していたら安全機能が作動し、ガスを止めています。地域のガス施設に支障がなく、ガス漏れがなければ、自分で復帰することができます。万が一、ガスのにおいがしていたら、ガス会社にすぐ連絡しましょう。

ガスメーターの場所を確認しよう

集合住宅の場合、玄関脇や共用廊下のメーターボックス内、もしくは外部に複数設置されています。一戸建ての場合は外壁にあります。

ガス会社によって設置場所は異なります。

ガスメーターの復帰方法

地域のガス施設が止まっていなければ、自分たちでガスメーターを復帰することができます。

1 止める

震度5程度以上の地震で
ガスはストップ。ガス機器の
スイッチをオフ。

2 押す

復帰ボタンを押す。
赤ランプが点灯し、
その後すぐ点滅する。

3 待つ

3分間待つ。
ガスメーターがガス漏れが
ないかどうかをチェック。

4 使える

3分たって、ガスメーターの
赤ランプが消えたら、
復帰は完了。

カセットコンロとボンベは必需品

電気やガスが復旧するまで、カセットコンロとカセットボンベがあれば、お湯を沸かしたり、料理をつくることができます。

1カ月でどれくらいカセットボンベが必要？

カセットボンベ1本 約60分 使用可能 ※1 × 1カ月 ＝

15〜20本 必要※2（4人の場合）

カセットボンベの使用期限は？

使用期限は約6〜7年です。多めに買い置きしておき、高温多湿を避けて屋内に保管しておきましょう。ただし、ゆがみや変形、サビがでているカセットボンベは使わないようにしましょう。

変形やゆがみがでているもの

サビがでているもの

※1　3.5kw（3,000kcal/h）のカセットコンロを使用した場合。

※2　1日30〜45分使用の場合。気温が低い方が、ガスの使用量が増えます。

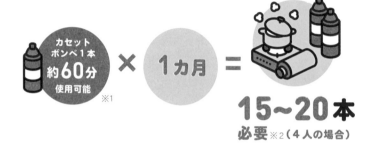

COLUMN

ガス、消しに行かなくていいんです。今覚えておきたい三つの知識。

お話をきいた人
東京ガス株式会社
防災・供給部／広報部

地震のときはまずガスを消す。昔、そう教えられた記憶はないでしょうか。

「今、ガスは自動的に止まります。まずご自身の安全を確保して下さい」

東京ガスによると、阪神・淡路大震災以降、ガス業界は地震対策を強化してきました。ガス管の耐震化の促進、早い復旧を目指す協力・支援体制、そしてもっとも大きいのが各家庭への「マイコンメーター（ガスメーター）」の完備です。

「震度5程度以上の揺れを感知すると、自動的にガスを止める安全機能を持っています。異常を感知すると、ガスの供給自体が止まるので安全。全国の都市ガスで義務化されており、計量法による10年に一度の取り替えで、精度の低下も防がれています。東日本大震災では、ガスによる二次被害はゼロでした」

ガスに関しては、災害発生時に心配すべきなのはもはや「消すこと」ではない。大切なのは、「復旧方法」だと東京ガスは言います。

「ガスの復旧で、覚えておいていただきたいことは二つ。まず、各ご家庭のマイコンメーターで止まっている場合は、ご家庭で復帰できます。また、ガス導管へ被害を及ぼすような強い揺れを感知すると、地区ガバナ（地区ごとに設置された圧力調整器）が自動停止して、地域でガス供給を停止。東京ガスでは、ＩＴ化された管理システムですみやかに被害を特定、被害がないエリアは遠隔操作で供給を再開します」

しかしガス管に被害があると、作業員による現地での作業や、全戸の安全確認が必要になるため、首都直下地震の復旧には相応の期間がかかると想定されています。

復旧早期化のために、ガス会社は日夜努力しています。そして、私たちにもそれを助ける方法があります。それは、家庭で復帰できるという情報を、周りにも広めること。

「地震直後はガス漏れの通報を最優先に対応したいのですが、『ガスが止まったがどうすればいいか』という問い合わせの電話が多く、東日本大震災の時に受け付けたマイコンメーターに関する問い合わせはなんと約22万本でした。この件数が減るとより早く動けます」

なお、台風・豪雨などの水害の場合は、ガスに大きな影響は出にくいそうです。

「ガス管は気密構造で地中に埋設しており、ガス供給の設備は電力不要のしくみだからです。一方、河川の氾濫などで浸水した地域は安全のため供給を停止することがあります」

おさらいすると、地震がきたら、ガスは止めずにまず身の安全の確保。その後、自分で復帰操作（47ページ）。それでだめなら、地区ガバナが停止しているので、供給・再開状況をラジオ・インターネット等、使用可能なメディアで確認しましょう。

4

サバイバル×水
WATER

水は、生きるキホン。つまり、備えのキホンです。

食べものが「家にまったくない」状態はなかなかありません。

でも、水はどうでしょう。

災害で断水が起きたとき、復旧まで長くかかることもあります。

水の備えといえば、大きなペットボトルなどを備えればいい、と思われがちです。でもそれを、どう使いますか。足りるでしょうか。

そこで知ってほしい、災害時の水の使い方があります。

生活用水は「節水」する。

飲料水は「備蓄」でまかなう。

それを、「給水」で続ける。

節水は、ただ使わなければいいということではありません。
災害時の水についての知識と、実際に使うための知恵とワザ、
そのワザを実行するためのグッズ。
それらを備えておくことで、避難生活を送る上で必要な節水ができます。
その節水によって、毎日の生活用水を乗りきり、
ペットボトルなどで備蓄した水は、できるだけ飲料水にまわします。
自治体や国から給水が始まったら、水を補給しながら「節水」を続けます。
ライフラインの中でも、水はとくに、準備が欠かせないものです。
備えのないまま電気やガスが止まっても、
最低限のことはどうにでもできたりするものですが、
水は、そうはいきません。
なくなれば脱水を起こし、トイレも使えず、衛生面も急激に悪くなります。
水の備えは、水量だけではなく、意識と知恵と道具が必要。
正しく、長く、その水を使い、命をしっかりつなぐために。

水はどれくらい必要？

のどの渇きを感じたら、すでに「脱水」が始まっている証拠。
そうなる前に水分をとれるよう、水は１人１日最低２リットル、
７日分程度を用意しておきましょう。

1人1日 2ℓ × 家族の人数分 × 7日分 ＝ 約5箱（6本入）

（4人の場合）

なぜ２リットル必要なの？

水分の出入り …1日2.5ℓ

食事	1.0ℓ
体内でつくられる水	0.3ℓ
飲み水	1.2ℓ

→ IN

→ OUT

尿・便	1.6ℓ
呼吸や汗	0.9ℓ

成人男性からは、尿や便、呼吸や汗で１日に約2.5リットルの水が排出されています。一方、食事から約１リットル、また体内でつくられる水が約0.3リットルあります。あと約1.2リットルの水を飲めば、体から出る水分と同じ量を体に取り入れることができます。断水している場合は、食事をつくる際も飲料水が必要です。

１人１日最低2リットルの水を用意しましょう。

水の節約術

水は日頃からさまざまな方法で備えることができます。また、災害時には工夫して節水する必要があります。

日頃から水を備えておく

ポリタンクややかん、鍋などに

ペットボトルの口いっぱいまで水を入れておく

飲料水として使う場合は3日に一度は取り換えを。浄水器を通した水は塩素効果がないので毎日取り換えましょう。

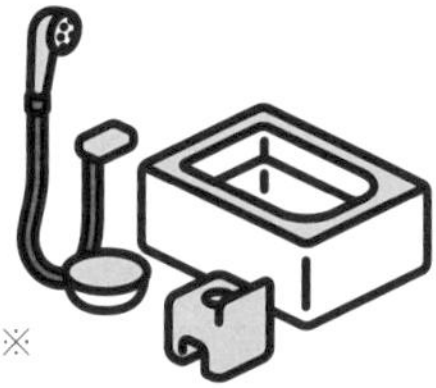

お風呂に溜め置きを ※

※子どもが溺れるのを防ぐため、浴室にカギをかけるなど安全には十分に配慮しましょう。

水をできるだけ使わない工夫

食器を洗う時、1つ目のバケツで一番汚れたものをすすぎ、2つ目のバケツでそれをきれいにし、3つ目のバケツで仕上げをします。

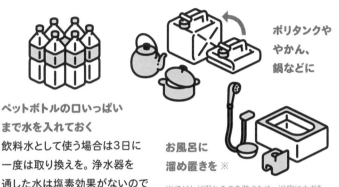

水を運ぶための工夫

断水時には、給水車や給水拠点から水を運ぶ必要も出てきます。効率よく重たい水を運ぶためには、水の容器と楽に運ぶための工夫が必要です。

ポリ袋＋バケツ、ポリ袋＋段ボール箱

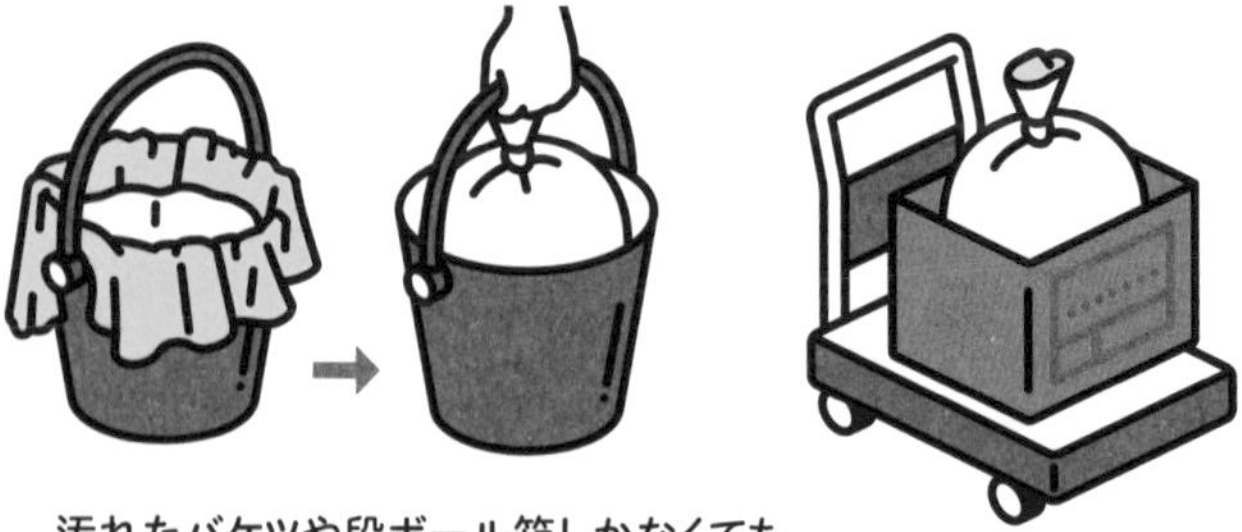

汚れたバケツや段ボール箱しかなくても、
その中にポリ袋を入れれば、水を運ぶ清潔な容器になります。
台車やキャリーカートがあるとさらに便利です。

ポリ袋＋リュック

台車やキャリーカートがなくても、リュックの中にポリ袋を入れて、
水を運ぶことができます。マンションなどの階段を上がって、
水を運ばなければならない時は、この方法がおすすめです。

水がない時のオーラルケア

口の中を不衛生にしていると、インフルエンザや肺炎などにかかりやすくなります。できる限り清潔に保つようにしましょう。

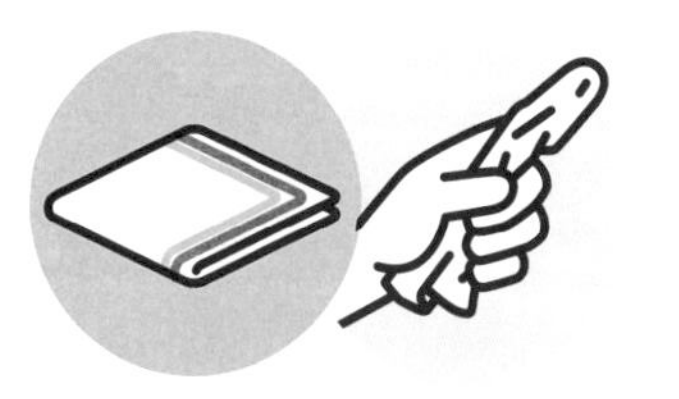

ハンカチで歯をぬぐう

食後に水やお茶でしっかりうがい。ハンカチなどを指に巻いて歯をぬぐい、汚れをとりましょう。

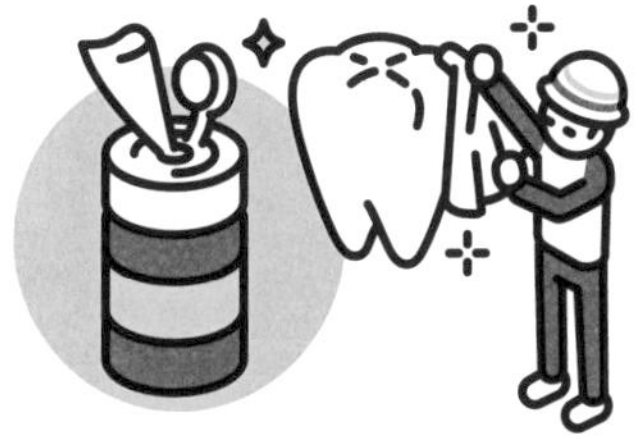

口腔《こうくう》ケア用ウェットティッシュ

洗口液が浸してある口腔ケア用ウェットティッシュは、使い捨てで衛生的。

液体ハミガキ

口をすすぐ必要がない液体ハミガキも、口の中の菌を減らすことができます。液体ハミガキを浸したハンカチなどで歯をぬぐえばさらに効果的。

入れ歯のお手入れ

災害時は、入れ歯のお手入れもおろそかになりがち。食後には、できるだけはずして汚れをとりましょう。

身近にある水源を覚えておこう

「給水車」や「給水拠点」以外で非常時用の水源があると、より安心です。災害時の使用に備えて、水の取り出し方を確認しておきましょう。

貯水槽

マンションなど水を大量に消費する施設に設置されている。災害時用の蛇口が付いていれば使用OK。

新たに設置する際は自治体確認が必要なケースがあります。

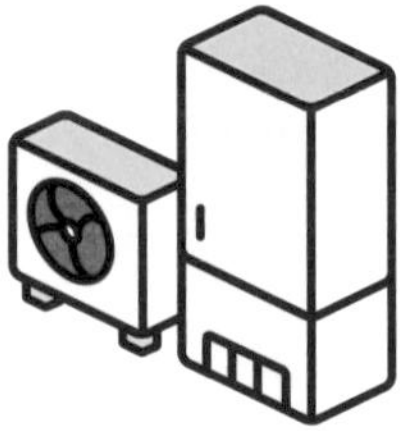

給湯器

貯湯タンクから直接お湯（水）が取り出せるタイプがおすすめ。

ウォーターサーバー

サーバー内や交換ボトルの水が活用可能。停電すると使えなくなるタイプもあるので注意を。

河川・井戸

家の近くにある河川や井戸の水を汲み上げて活用。飲料水として使うなら、浄水器もセットで用意を。

歯みがきなんて後でいい？ いえ、非常時こそ、オーラルケアを。

お話をきいた人
サンスター株式会社 研究開発部／広報部

災害時は、ライフラインや情報収集、負傷の手当など、問題や対応が押し寄せます。そのとき、歯みがきなんて……と思いますよね。「でも、そんな時こそオーラルケアを」。阪神・淡路大震災での被災経験から口腔保健の専門家とともに「防災にオーラルケア」の情報発信を行うサンスターは、そう強く呼びかけています。

被災して身体機能が弱ると、口腔の機能も弱る。ストレスは、お口をきれいにする役割のあるだ液も出にくくする。つまり、いつもよりオーラルケアが必須な状況なのです。それを疎《おろそ》かにし続けると、さまざまな問題が忍び寄ります。

もっとも深刻なのは、口腔の不衛生が、重病につながるケースです。

「肺炎です。避難所で多発するのが誤嚥《ごえん》性肺炎といって、食べものなどが、飲み込む時に誤って気管や肺に入り、だ液に含まれるお口の中の細菌が肺炎を引き起こすもの。とくに高齢の方にとても多い。口腔ケアで、この肺炎になるリスクを抑えられます」

避難所で心配な感染症の予防にも、オーラルケアは役立ちます。オーラルケアによって、インフルエンザ発症率が10分の1に減るという研究結果も。

「お口の状態が感染症に関わることは、意外と知られていないかもしれません。自分のお口をケアすることは、身体全体のリスクを抑えることでもあります」

そして、歯周病と虫歯。日本歯周病学会によると、近年、糖尿病、心臓・脳血管疾患、骨粗鬆《こつそしょう》症・関節リウマチなど歯周病と全身疾患との関係がわかってきています。子どもが避難生活をきっかけに虫歯になってしまうのも心配ですね。

ケアと備えは、「水がなくてもできる」がキーワードです。

「オススメは液体ハミガキです。練りハミガキと違って水でのすすぎが不要。殺菌剤配合のものならお口の殺菌もできる。菌とは別に、プラーク（歯垢）は磨かないと取れないので、これと歯ブラシを備えるのがオススメ。歯ブラシがないときは、布などに液体ハミガキをつけて磨く。また、歯ブラシがあって水がない場合なら、水のかわりに液体ハミガキですすぐ使い方でも」

液体ハミガキは〝ぶくぶくぺー〟ができれば子どもも使えます。使用期限は3〜5年。殺菌剤が配合されていないものもあるため「医薬部外品」表示のものを。

「何もないときは、少量の水やお茶ですすぐだけでも、効果があります」

ケアの頻度は「寝起き・毎食後・寝る前」が理想ですが、難しい場合は、寝る前の1回は確実に。後まわしにしがちな気持ちに、どうか先まわりを。

5

サバイバル×トイレ

TOILET

トイレは、災害時のライフライン。その意識を、まず持つこと。

トイレは、災害時、使えない。

私たちは、そのことを、本当に理解しているでしょうか。

停電、断水、給排水管の損傷や汚水処理施設の損傷などで、使えない。

家以外で被災すれば、トイレに多くの人が殺到して、使えない。

水が流れないトイレを無理に使えば、たちまち汚物があふれ、在宅避難の空間が、不快な場所になってしまいます。

でもその状況下で、トイレは待ってくれないのです。

東日本大震災の被災者へのヒアリングでは、約8割の人が、発災から「9時間以内」にトイレに行きたくなったと答えました。

阪神・淡路大震災では、約6割が「3時間以内」という調査結果も。
一方、発災後から仮設トイレが行きわたるまでの日数はというと、
「3日以内」と答えた自治体は、東日本大震災時の調査では、約3割のみ。
このタイムラグの深刻さは重大で、仮設トイレはあてにできません。
また、トイレが設置されても、避難所では、とても重い問題があります。
汚く不衛生で、治安の不安もあり、行きたくないと感じる人が多いのです。
トイレを控えるために水分や食事をがまんしてしまうことで
体力低下で感染症にかかったり、脱水症状などを起こしたりと、
命に関わる問題にも発展しているのが、現実です。
在宅避難は、この深刻なトイレ問題を、起こさない方法でもあります。
安全な家に、携帯トイレを備えるだけでいい。
逆にいえば、トイレを備えない在宅避難では、意味がありません。
まず、災害時のトイレの状況を知ったら、あとは行動あるのみです。

東日本大震災のヒアリング＝宮城県気仙沼市の小学校の保護者36人に対する調査結果
阪神・淡路大震災のヒアリング＝神戸の主婦グループによる調査結果（出典はいずれも日本トイレ研究所　「東日本大震災3・11のトイレ」）

災害時のトイレは水が使えない

地震の揺れなどで、敷地内の排水管が破損した場合、汚水があふれ出てしまうことがあります。下水道が復旧するまで、トイレに水を流さないようにしましょう。

1

地震で水道が被害を受け、
水が出なくなる（停電により
水が出なくなることも）。

2

無理やり、水を
流してしまうと……。

3

つまったり、汚水が
逆流してしまうことも。

4

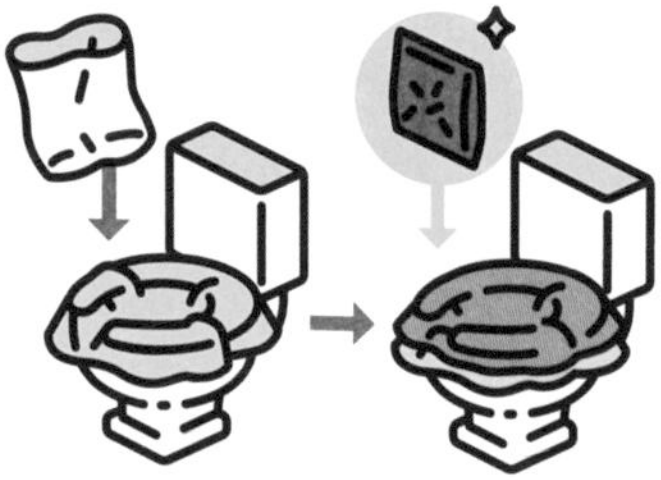

下水道が復旧するまでは、
携帯トイレを使用。

携帯トイレの種類と選ぶポイント

自宅のトイレ空間が無事だった場合は、洋式便器に携帯トイレをつけて使いましょう。

携帯トイレのタイプ

凝固剤タイプ

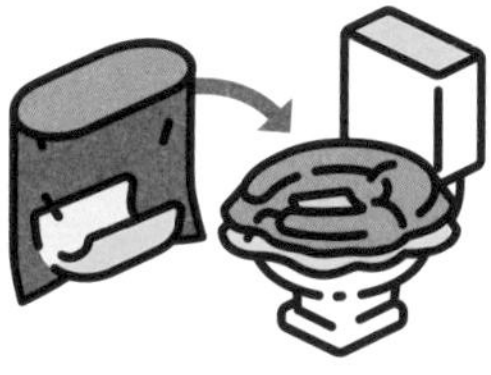

吸水凝固シートタイプ

携帯トイレには、凝固剤を入れて尿を凝固させるタイプと、オムツにも使われている吸水シートが入ったタイプの二つがあります。

携帯トイレを選ぶポイント

簡単　吸収　におい

携帯トイレを選ぶ際には、
簡単につけられるか、
しっかり吸収できるか、
においをおさえられるかを
確認しましょう。また携帯トイレにも使用期限があります。
定期的にチェックしましょう。

携帯トイレの種類と選ぶポイント

自分や家族に一番適した「携帯トイレ」をセレクトすることが大切です。トイレは長期間使えなくなるので、組み合わせ備蓄（シートタイプ→凝固剤タイプなど）をして災害時に備えましょう。

凝固剤タイプ
（タブレット）

凝固剤タイプ（粉末）

シートタイプ

	凝固剤タイプ（タブレット）	凝固剤タイプ（粉末）	シートタイプ
使い方	1. 便器に袋をかぶせる 2. 凝固剤を入れる 3. 用を足す	1. 便器に袋をかぶせる 2. 用を足す 3. 凝固剤を入れる	1. 便器にかぶせる 2. 用を足す
廃棄方法	各自治体の「可燃ごみ」の処理ルールに従う	各自治体の「可燃ごみ」の処理ルールに従う	各自治体の「紙おむつ」の処理ルールに従う
選ぶポイント	▶比較的安価で購入しやすい ▶コンパクトなので大量に備蓄可能（粉末よりはかさばる） ▶消臭効果が高い	▶比較的安価で購入しやすい ▶コンパクトなので大量に備蓄可能 ▶停電時などに便に粉末がうまくかからない可能性がある	▶かぶせるだけで簡単に使えるので高齢者におすすめ ▶かさばるので備蓄スペースの確保が必要 ▶袋を広げて上部を折返すと便器がなくても自立する

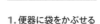

携帯トイレの使い方

携帯トイレは、メーカーによって使い方が異なります。説明書をよく確認して使いましょう。

1

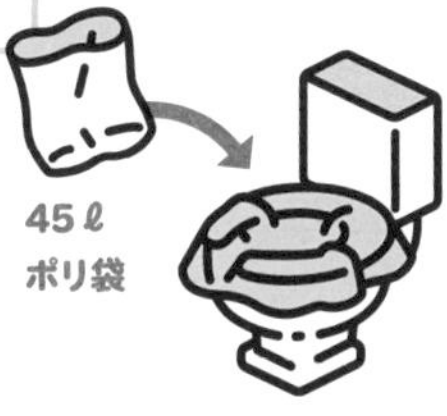

便器に市販のポリ袋をかぶせる。

排泄後、携帯トイレだけを
交換すれば、底面に水がつかず、
床が濡れない。

2

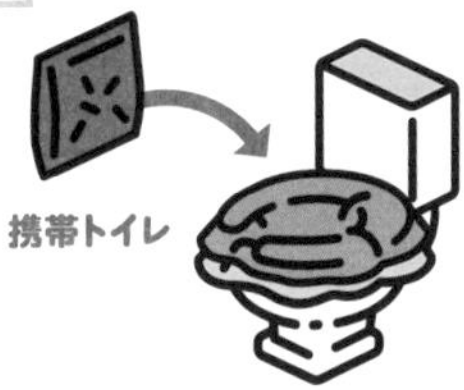

そのポリ袋の中に、
携帯トイレの袋を設置。
用を足し、汚物を固める。

3

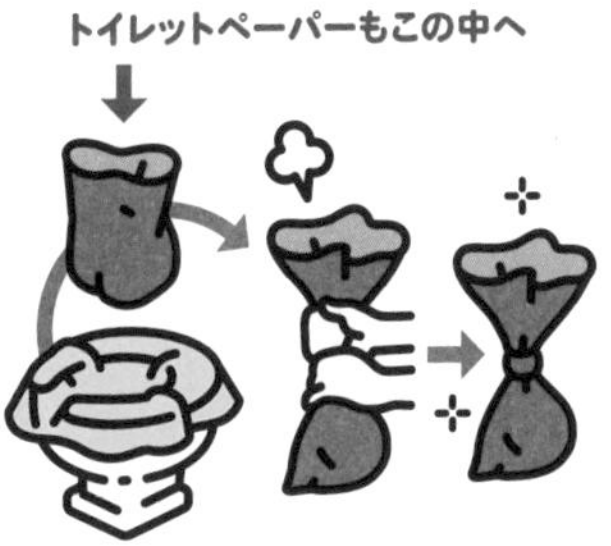

携帯トイレの袋だけを取り出し、
空気を抜いて口を強くしばる。

4

密閉できる容器で、ゴミの収集
がくるまで保管する。

携帯トイレはどれくらい必要？

水洗トイレが使えるようになるまで1カ月かかる場合も考えられます。携帯トイレは、できるだけ多く用意しておきましょう。

1人1日 約5回 ×

家族の人数分 × **7日分**

＝ 4人家族の場合 **約140個**必要

1日の排尿回数は5〜7回、また１回の排尿量は200 〜 400mlが一般的だと言われています。

節約した使い方も

シートタイプの携帯トイレは連続使用することもできます。小便は3〜4回ごとに、大便は1回ごとに交換していけば、**家族4人7日分で必要な枚数は約70個**になります。

商品によって吸水量が異なります。

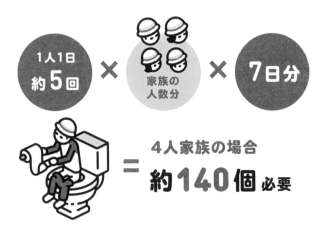

郵便はがき

おそれいりますが切手をおはりください。

102-8519

〈受取人〉

東京都千代田区麹町4-2-6 9F

株式会社 ポプラ社

一般書編集部 行

お名前 (フリガナ)

ご住所 〒

TEL

e-mail

ご記入日 年 月 日

ご愛読ありがとうございます。

読者カード

●ご購入作品名

［　　　　　　　　　　　　　　　　　　　　］

●この本をどこでお知りになりましたか？

1. 書店（書店名　　　　　　　　　　）　2. 新聞広告

3. ネット広告　4. その他（　　　　　　　　　　）

年齢　　歳　　性別　男・女

ご職業　1.学生（大・高・中・小・その他）　2.会社員　3.公務員　4.教員　5.会社経営　6.自営業　7.主婦　8.その他（　　　）

●ご意見、ご感想などありましたら、是非お聞かせください。

●ご感想を広告等、書籍のPRに使わせていただいてもよろしいですか？

（実名で可・匿名で可・不可）

●このハガキに記載していただいたあなたの個人情報（住所・氏名・電話番号・メールアドレスなど）宛に、今後ポプラ社がご案内やアンケートのお願いをお送りさせていただいてよろしいでしょうか。なお、ご記入がない場合は「いいえ」と判断させていただきます。

（はい・いいえ）

本ハガキで取得させていただきますお客様の個人情報は、以下のガイドラインに基づいて、厳重に取り扱います。

1. お客様より収集させていただいた個人情報は、よりよい出版物、製品、サービスをつくるために編集の参考にさせていただきます。
2. お客様より収集させていただいた個人情報は、厳重に管理いたします。
3. お客様より収集させていただいた個人情報は、お客様の承諾を得た範囲を超えて使用いたしません。
4. お客様より収集させていただいた個人情報は、お客様の許可なく当社、当社関連会社以外の第三者に開示することはありません。
5. お客様から収集させていただいた情報を統計化した情報（購読者の平均年齢など）を第三者に開示することがあります。
6. はがきは、集計後速やかに断裁し、6か月を超えて保有することはありません。

●ご協力ありがとうございました。

緊急用トイレのつくり方

携帯トイレがない場合は、ポリ袋と新聞紙で緊急用トイレをつくることもできます。

1

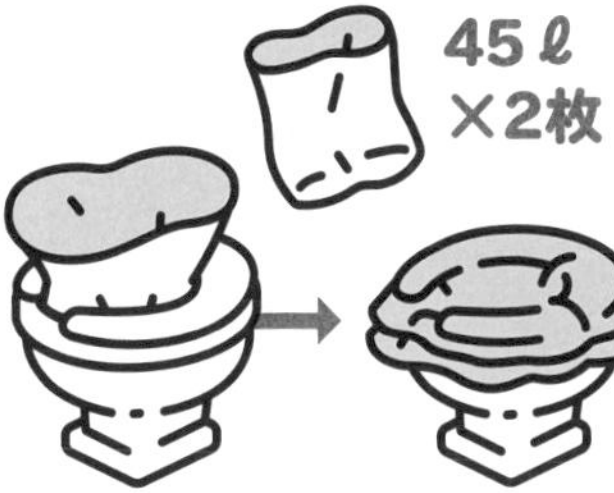

ポリ袋を便座に2重にかぶせる。

2

くしゃくしゃにした新聞紙を
ポリ袋の中に敷き詰める。

3

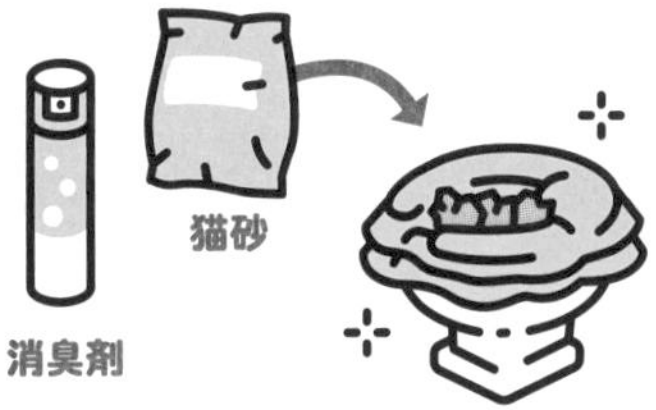

用を足した後、消臭効果のある
ものを上からかける。

4

内側のポリ袋を取り出し、
空気を抜いて口を強くしばる。

携帯トイレとあわせて必要なもの

水が少ない時の手洗い方法

災害時は生活環境が悪化します。感染症を防ぐためにも、「手洗い」と「うがい」は大切。できれば水とせっけんで手洗いし、水がなければ消毒剤や除菌効果のあるウェットティッシュで常に清潔にしておきましょう。

せっけん

消毒剤

ウェットティッシュ

トイレットペーパーは多めに備蓄

ふだんから多めに買っておけば、災害のときも安心です。また、国内のトイレットペーパーの約4割が静岡県内で作られているため、東海地震が起きると1カ月ほど供給が滞ると予測されています。

1人1日 5回 × 家族の人数分 × 7日分

= 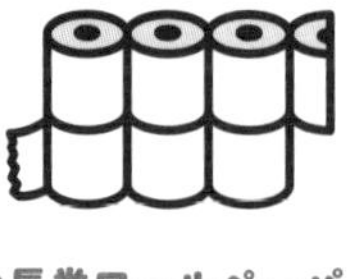

4人の場合

約6.5ロール

通常のトイレットロールダブル（30m）の場合

便利な長巻ロールペーパー

大きさは変わらなくても、製造方法により通常より3〜4倍長く、かたく巻きこんだ長巻ロールペーパーもあります。

使用済み携帯トイレの保管方法

大災害の場合、すぐにはゴミの収集が始まらない可能性があります。使用済みの携帯トイレを保管するため、密閉機能のある「袋」や「箱」を用意しておきましょう。

保管用密閉袋

フタつきのゴミ箱

屋外用収納ボックス

フタつきの衣装用ケース

携帯トイレをゴミに出す

多くの携帯トイレが可燃ゴミとして捨てられるようになっています。自治体によっては、収集する車が違うことがあるため、他の可燃ゴミとは分けて捨てるようにしましょう。

下水道の復旧はすぐにはできない。住まいによっては長引くことも。

お話をきいた人
埼玉県下水道局下水道事業課／危機管理防災部危機管理課

大きな地震が起こると、下水道が使えなくなる可能性がある。なぜか、知っていますか？その理由と復旧までの流れを、埼玉県の下水道局に聞きました。

そもそも下水道は、汚水を収集し、処理場できれいにして河川などに放流するしくみ。汚水は、家や工場の敷地内にある排水管から、道路の下の下水管に集められて処理場に運ばれます。被害を受けやすいのは、このうち排水管と下水管です。

下水道で最悪の事態とされるのが、「市街地に下水があふれる」ことです。復旧は、下水管の壊れた箇所を特定し、使える下水管へバイパスするなど、とにかく下水の道すじを途切れさせない作業。初期の段階では、マンホールから下水をバキュームカーで処理場に運んだり、下水をポンプで吸い上げ、消毒して側溝や河川に放流したりすることもあります。

「30日間以内に管轄全域の応急復旧を終えるのが目標です。壊れた部分ごと個別に復旧していくので、使えない地域をゼロにするまでが30日間以内ということですね。また、上水道の復旧に遅れないことも重要なポイントです」

上水道が復旧すると、下水道に一斉に水が流れます。下水管が詰まっていると、下水があふれる事態に。また、下水が流れていると、下水道の復旧作業に支障が出てしまうため、せっかく使えるようになった上水道も節水が必要です。

全国の下水道機関では、被災地に他県からも職員が集まり支援する協力体制がつくられていて、一丸となって最短での復旧を目指しているそうです。

さらに、私たちが覚えておきたい大切なポイントがあります。それは、排水管が、「所有者の責任のもとにある」ということ。行政の努力で下水道が復旧しても、宅地内の排水管が壊れていたら、家の汚水は流せません。でもここの復旧は、自分でしなくてはいけないのです。

「排水管が壊れるケースは多いですが、被災時の手配は大変。近くの業者さんや、マンションであれば管理者の確認をしておくと安心だと思います」

実際に「使える」状態に戻るまでが意外と長く、やっかいそうな下水道。でも、ふだんは、自分の住まいの排水管の場所すら知らなかったりします。

「普段使っている水洗トイレが使えなくなったらどうするか、災害が起こる前に考えて、備えることが大切」と、危機管理課は提案します。

「特に、地震発生直後72時間は、行政は人命救助に注力しなければなりません。避難所に

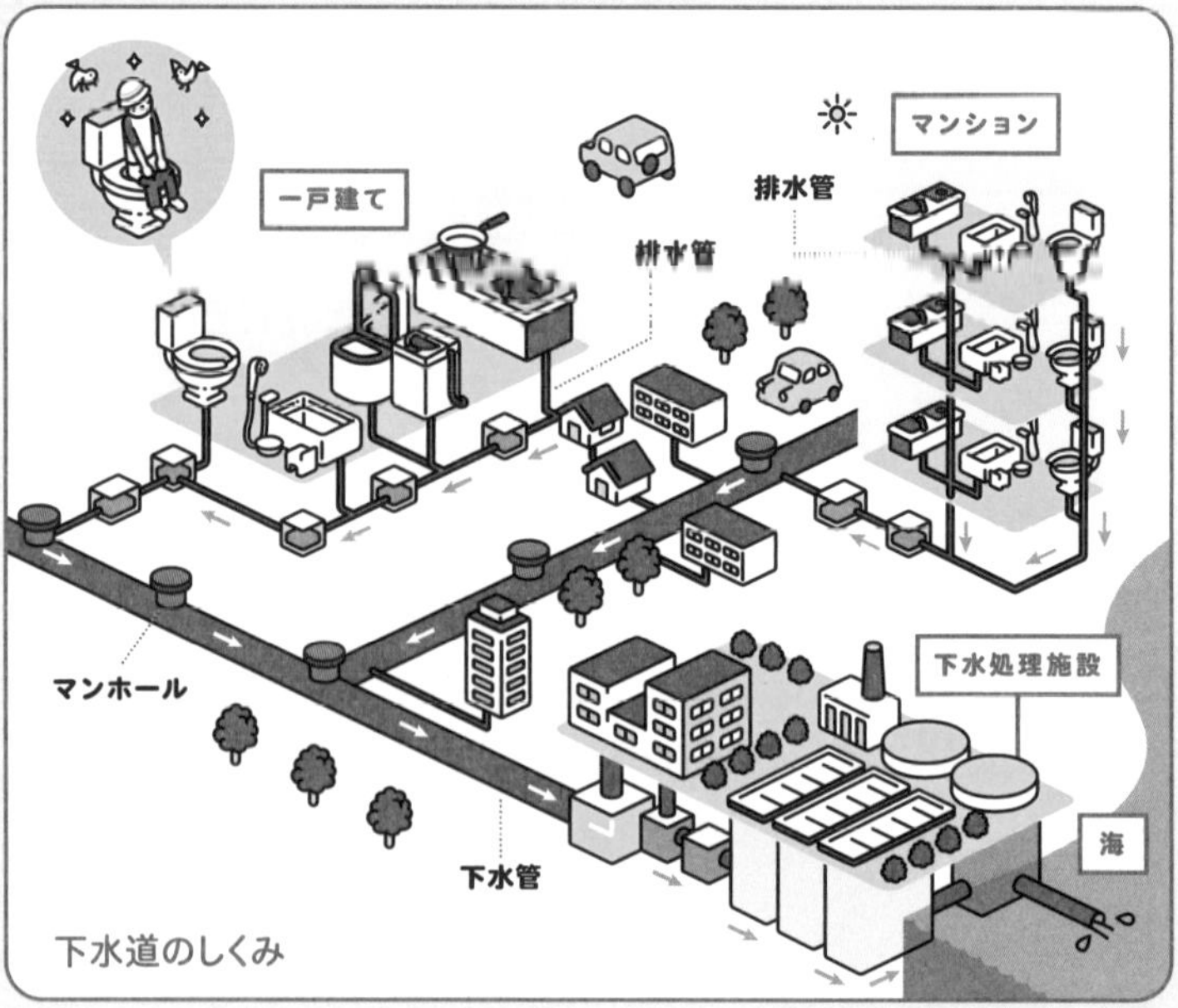

下水道のしくみ

災害用トイレが整備されるまでは、一人ひとりや地域でトイレに行ける環境をつくり、乗り切ることが大切です」

　トイレはまったなしの問題。下水道への意識は、災害が起きた時に、自分や家族を守ることにもつながります。

「熊本地震では、避難所のトイレが早々に整備されても、連日行列でした。自宅の水洗トイレが使えず、とりあえず避難所に来るという人も多いのです。各家庭で携帯トイレを備えておけば、自宅が全半壊した方など、本当に避難所のトイレが必要な方々も含め、多くの方が安心してトイレに行ける環境づくりにつながります」

　〝自分ごと〟にする意識。下水道の防災に、それは大きな力になりそうです。

自分らしく、人間らしく。快適なトイレをあきらめないで。

お話をきいた人

株式会社エクセルシア 代表取締役 足立寛一さん

声を大にして言いにくいものほど、のっぴきならないこともある。非常時のトイレのリアルを、携帯トイレメーカー「エクセルシア」に聞きました。石灰の除菌作用により消臭効果が7カ月間続くタブレットタイプの携帯トイレを開発し、防災士でもある足立さんは、きっかけは被災地が苦しむ「ニオイ」だったと言います。

「一般的な水洗トイレは、ニオイの8割ほどは水中に溶けているんです。でも非常時は水がないからダイレクト。単純に考えてふだんの8割増しです。袋に入れるだけでは、便は膨張性の高いメタンガスが出続けるのでニオイがもれてしまいます」

今までの災害でも、避難が長引くほど深刻化するトイレ問題は報道されてきました。他人と共用し続ける苦痛や、不衛生ゆえの感染症の拡大など。しかしその中で「ニオイ」は過小評価されてきた部分だと足立さんは感じています。

「言いづらく、メディアで伝えづらい部分だからでしょうか。でも現地では本当に大変です。ニオイは、トイレのストレスの大きな要素なのです」

被災地では、トイレに行きたくなくて水分をとらない人も多く、それは脱水・膀胱炎・

エコノミークラス症候群など重篤な症状の原因に。ただの排泄目的から、さらに上の快適を求めることは、ぜいたくではなく命につながることです。

「清潔、片づけが簡単、長期にわたり臭わない。うちの商品はその条件を揃えることを目指しました。現在は、都市部の企業などからのニーズも目立ちます」

トイレ問題は、地方より都市部のほうが深刻になる、と言います。

首都直下地震を想定した試算[※]では、帰宅困難者が大量発生すると、最悪の場合、地震後6時間は23区すべてでトイレが不足[※1]。都心では約7割の人がトイレを使えず、仮設トイレの設置以降も、30時間以上不足状態が解消されないエリアも[※2]。東京都は混乱を防ぐため、地震直後は帰宅せず3日間待機を推奨していますが、待機先やトイレの状況までは分かりません。足立さんは、携帯トイレは「ひとりひとつ常時携帯」をすすめています。

「防災用として社員に配布しておく企業も多いです。オフィスビルではトイレニーズは時間とともに膨れあがるので、管理側の手に負えなくなる。各自で対処すれば混乱を防げます。ポンチョ付きで場所を選ばずに使え、持ち歩けるタイプもあります。エレベーター閉じ込めや外出時の被災も、鞄にあれば安心」

とくに女性には死活問題のトイレ。「したくない」から「あってよかった」と言うために、もう一度トイレでゆっくり、備えを考えてはいかがでしょうか。

※試算は、「帰宅行動シミュレーション結果等に基づくトイレ需給等に関する試算について」（内閣府）。
※1は避難所となる学校のトイレが安全対策などで全て使えなかった場合、※2はその半数が使えなくなった場合。

6

サバイバル×キッチン

KITCHEN

体に栄養を。心に活力を。
災害時だからこそ、しあわせな食を。

在宅避難のメリットとして、ささやかなようでとても大きいのが、食生活です。

「そこまで食を備えなくても、避難所でもらえるでしょ？」

そう思う人もいるかもしれません。でも、

「おいしくて、あったかいものは、ない」

被災地で避難所生活をした人たちは、口を揃えて、そう言っています。

在宅避難を前提にすると、非常食も、さまざまな種類から、自分の好きなものを選んでおくことができます。

カツ丼、パスタ、デザートも。今、非常食はとても豊か。

保存性だけでなく、おいしさ、栄養、楽しさも大切にでき、
カセットコンロなどの備えも合わせれば、あたたかい食事も可能です。
とはいえ、避難生活を想定した日数分の食料を、
しかも家族分、災害時のためだけに蓄えておくのは大変ですね。
そこで、「いつもの食」と「もしもの食」のボーダーラインを消して、
ふだんも食べながら備蓄する方法が、おすすめです。
食べたら補充するを繰り返せば、余分なスペースは必要なくなる。
味に慣れておけるし、好みに合った非常食を揃えられる。
そのために、家族で非常食を味見する日々も、楽しいものです。
「災害時も、おいしいものを食べたい」
それは、わがままではありません。被災時は、「食べる＝元気」です。
被災しても、いや、被災したからこそ、食はとても大切です。
おいしいもので、心身を元気に。
その力が、前を向く勇気になります。

1週間分の食料を工夫する

1週間分の食料の備蓄を政府が推奨しています。災害時は冷蔵庫や買い置きのものもあわせて、食べる順番を工夫し、1週間をのりきりましょう。

1〜3日目

冷蔵室・冷凍室にあるものを食べる

ふだんから冷蔵室・冷凍室に食材を多めに買い置きしておく。

停電時はクーラーボックスに保冷剤と食べものを入れて保存する。

4〜7日目

「ローリングストック法」で備蓄した非常食を食べる

傷みが早く出るものは震災直後に食べ、4日目ぐらいからはレトルト食品、缶詰、フリーズドライ食品など日持ちがする「非常食」を食べる。

ローリングストック法で備蓄する

月に1回程度、定期的に食べ、食べた分だけ買い足していくローリングストック法がおすすめです。食べながら備えるため、賞味期限が1年程度のレトルトやフリーズドライ食品も「非常食」として備えることができます。またふだんから食べているから、家族それぞれの好みに合わせた食品を選べます。

1

備蓄する食料・水を
少し多めに用意する。

2

定期的に古いものから
順に食べる。

3

食べた分を買い足す。

4

これらを繰り返し、常に新しい
「非常食」を備蓄。

おすすめの収納方法

定期的に食べる習慣を定着させるには、普段よく見る場所に非常食を収納するのがポイント。また、月１回の「非常食の日」が楽しみになるよう、好みのものをストックしましょう。

キッチンに収納

引き出し

取り出しやすいように、立てて、並べて収納するのがポイント。

吊り戸棚

取り出しやすいよう取っ手付きケースに仕分けして入れる。

隙間収納

スペースを有効活用。半透明のケースで中身が見えると便利。

リビングに収納

ボックス収納

インテリアの一部として。箱の外側に中身の明記を忘れずに。

本棚

ご当地カレーのレトルトなどを本と一緒に並べれば、選ぶ楽しみもアップ。

手前から奥へ賞味期限の早い順に並べ、日付を見えるようにして入れましょう（見えない場合は、マジックなどで記入）。

おすすめの「非常食」

心身ともにストレスが大きい災害時だからこそ、栄養のある、好みの味の「非常食」を備えておきましょう。

乾物

災害時の食事は炭水化物に偏りがちです。ミネラルや食物繊維が豊富な切干大根や寒天などがおすすめ。

フリーズドライ食品

フリーズドライ食品の中でも野菜が豊富に含まれているものがおすすめです。

レトルト食品

ローリングストック法で備蓄すれば、賞味期限が約1年のレトルト食品も「非常食」になります。

乾麺

できれば、ゆで時間が短くてすむものを。やわらかくゆでれば、小さな子どもでも食べられます。

あわせて用意しておきたい

カセットコンロ&カセットボンベ

温かい食事は体に元気を与えてくれます。

水がない時に役立つキッチングッズ

いつものキッチングッズを上手に使えば、水を節約でき、衛生面も安心です。

キッチンばさみ
ピーラー

まな板を使わずに
調理できて衛生的。

使用したあとは、
ウェットティッシュなどで
拭いてきれいに。

ポリ袋

手袋代わりに
かぶせれば、衛生面
も安心です。

食材を入れて調理すれば
衛生的かつ、お皿を
洗う水を節約できます。

ラップ

食器や紙食器に
敷いて使えば、お皿を
洗う水の節約に。

食材に直接手を
触れずに、おにぎり
などがつくれます。

レシピ ● 乾物サラダのつくり方

袋の中で調理するので衛生的で、洗い物も減らせます。手が洗えないときは、手に袋をかぶせて調理しましょう。

1

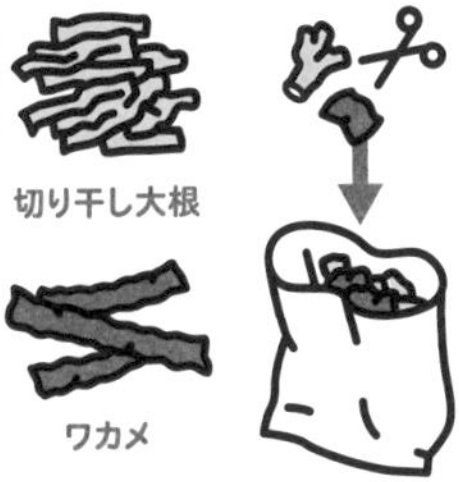

乾物を小さく切って袋の中へ。

2

水を入れ、もどす。

3

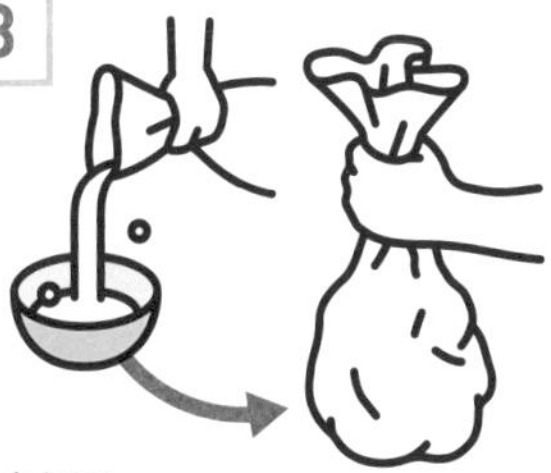

水を切る。

4

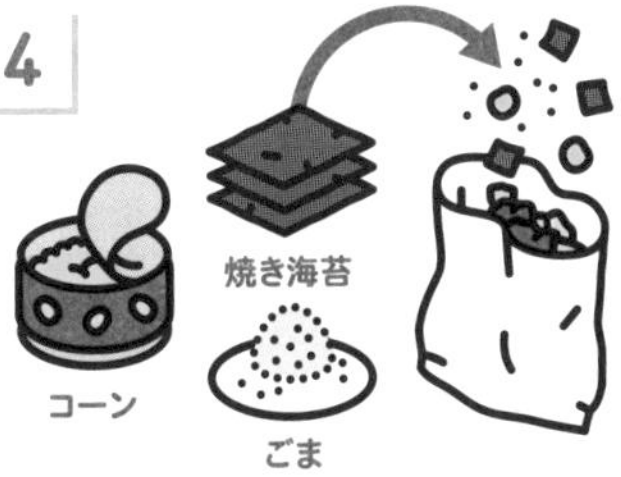

具材を入れる。

5

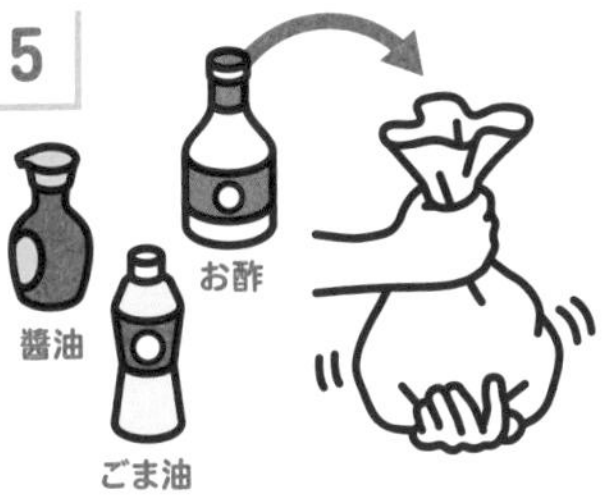

味つけをして混ぜる。

6

袋のまま紙食器にうつして完成!

レシピ●節水してお米を炊く方法

お湯を繰り返し使えるので節水に。複数のポリ袋を使えば、食材を一斉に調理することもできます。ポリ袋は湯せん調理可能な食品用の「高密度ポリエチレン」を使いましょう。

1

鍋の中に水を入れて沸騰させる（雨水や川の水などでもOK）。

2

湯せん調理可能な食品用ポリ袋の中に米（研がないまま）・米と同量のキレイな水を入れて、中の空気を抜き、輪ゴムできつく縛る。

3

鍋の底に皿を敷き、袋を入れて沸騰した状態で30分ほど煮る。鍋に袋が直接触れないように注意しましょう。

4

少し蒸らして器にうつせば完成。袋は熱いので注意しましょう。

ルポ ● 自然解凍で食べてみました

冷凍しているものはたいてい加熱して食べますが、災害時は電気やガスがなく、調理できないことも考えられます。そこでいろいろなものを、自然解凍し、食べ比べてみました。

パン

パンは１枚ずつラップにくるんで冷凍します。
1〜2時間で解凍できます。

食パン　★★☆
時間が経ちすぎると
少しパサパサする。

ロールパン
★★★
時間が経っても
ふわふわの
まま。

菓子パン風
クロワッサン
★★★
甘みも残って
おり食べ応え
もある。

ごはん

自然解凍だと、ぼそぼそして、
おすすめできません。
雑炊やおじやにすると、
おいしく食べることができます。

野菜

野菜は水気を切って、ラップで密封してから冷凍します。
缶詰やフリーズドライ食品と組み合わせてみました。

大根はすりおろして、
水気を切って冷凍。

＋

＋

しょうゆ

▼

さばの脂っぽさを、
大根おろしが中和。
さっぱりと食べられます。

皮をむいてすりおろした山芋に
酸化防止の酢を少し入れて冷凍。

＋

▼

山芋が入ったにゅうめん
は、とろみがついて体が
温まります。

ルポ ● 自然解凍で食べてみました

玉ねぎは薄切りにして炒め、
冷ましてから冷凍。

＋

＋

コンソメスープ

▼

クスクスは細かい粒状の
パスタで、小さなお子さん
でも食べられます。

キャベツ、白菜、きゅうりは
刻んで塩もみしてから冷凍。

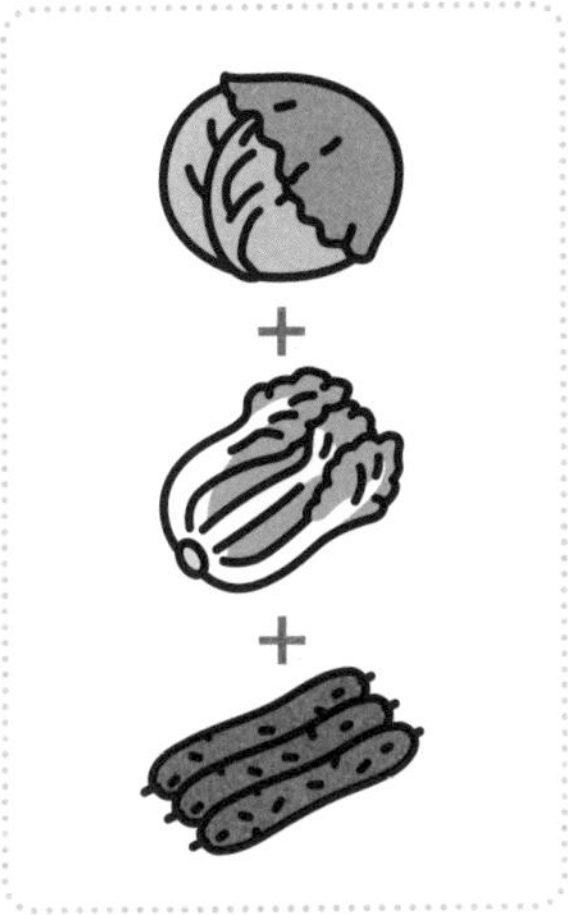

▼

自然解凍すれば、
浅漬けとしてそのまま
食べられます。

ルポ ●「非常食」をつくってみました

お湯を入れて混ぜるだけで、食べることのできるフリーズドライ食品。1日3食、4人分で実際にどれくらいの水と加熱時間が必要か試してみました。

1日のメニュー

朝：雑炊＆にゅうめん×4人分

昼：リゾット＆シチュー×4人分

夜：親子丼＆具だくさんおみそ汁
　　レトルトごはん×4人分

つくり方

フリーズドライ食品に必要なお湯をやかんで沸かす。レトルトごはんは、パックから取り出し、耐熱性のポリ袋に入れ、5分ほど湯煎した後、余熱で2～3分温める。湯煎用の水は飲料水でなくてもOK。

1日分の食事をつくるのに使用した水の量とカセットコンロの使用時間

3800ml※
ペットボトル（2ℓ）約2本

28分10秒
カセットボンベ約1/2本

POINT

▶フリーズドライ食品は レトルトと違い、湯煎の必要がないので、カセットコンロの使用時間が少なくてすむ

▶レトルトごはんは、パックのままでも湯煎できるが、耐熱性ポリ袋に入れるとより短時間で温められる

※レトルトごはん湯煎用の水は含まれていません。

カロリーと水、だけじゃない。ほしいのは、「いつもの食」でした。

お話をきいた人

アサヒグループ食品株式会社 食品マーケティング部

「食事が炭水化物に偏る」。避難生活で挙げられる大きな問題のひとつです。炊き出しはおにぎり、支援物資もビスケットやパン、麺類が主流。それなら「炭水化物以外こそ各自で備蓄」と考えておくのも良さそうです。フリーズドライ食品を開発・販売しているアサヒグループ食品は、手軽に食べられるフリーズドライ食品を、避難中の食生活にも利用してほしいと提案しています。

「避難中、気がかりなのが『野菜不足』です。ビタミン不足は心身を不調にしますし、避難時は便秘になる方も多いと聞きます。実は、真空凍結乾燥を施すフリーズドライ製法は、あまり熱をかけずに乾燥させることができるので、加熱で壊れやすいビタミンCなどの栄養素が損なわれにくいといわれています」

また、フリーズドライ食品は、和食も洋食も揃っており、高齢の方も、子どもたちも、それぞれ好きな味を選ぶことができそうです。

「フリーズドライ食品は、もともと和食がメインでした。今では、パスタやシチューなどの洋食も豊富。お子さんが喜ぶメニューも加えられますし、一品でおかずになる商品もあります。そして、災害時に食べた方から『ふだん食べるようなものでうれしかった』という声もありました」

非常食といえば常温保存・加熱不要で、まずは食料の確保と考えがちです。でも、「つらい災害時ほどいつもの食事が必要」。ふつうの暮らしを奪われてしまう被災者の声から、アサヒグループ食品はそんな発見をしたそうです。

「食べ慣れたごはんは心を癒やせる。フリーズドライ食品は、軽量でかさばらないので揃えやすいと思います」

フリーズドライ食品だけでなく、乾物など、非常時の栄養補助になる食品はいろいろあります。また、ローリングストック法は、非常食を日常で食べながら「いつもの食」として備える方法。ふだんからおいしく食べて選んでおくことが、いい備えにつながります。

7

身のまわりのものでできる！応急手当

FIRST AID

これからの応急手当は、すべての人の必須スキルへ。

災害時の応急手当といえば、発災直後に負傷者を救ったり、
心肺蘇生を行ったり、そんなイメージだけだったかもしれません。
もちろんそれが大切なことは変わりませんが、それだけではないのです。
どんな災害でも、発災すれば、医療機関は混乱します。
被災や道路の混雑によって、救急車も、すぐには来なくなります。
それは、いつもなら１１９で救えた人が、救えなくなるということです。
その状況は、さまざまなものが復旧するまで、続くかもしれない。
その時、誰が負傷者や病人を助けるのかといえば、
そう、あなたなのです。

首都直下地震の想定では、
交通麻痺で救急車が足止めされること、
医師らの数を負傷者が圧倒的に上回り、
診療が行き届かない可能性などが、指摘されています。
大規模な停電や断水などが起きても、医療機関は大きなダメージを受け、
機能不全に陥ります。災害が起きて避難生活が始まったとき、
自分たちで応急手当を行うことは、医療機関を助け、
そこで命をつなぐ人たちを、助けることでもあります。
これからの応急手当は、目の前にいる傷病者を救うだけでなく、
もしものときに避難生活を送るための、みんなの必須スキルです。
今そこに、救える人がいる。
みんなの安心も、命も、守れる人になる。
そこへ踏み出す勇気をくれるのは、
あなたがこれから身につける、応急手当の技術です。

知っておきたい「救命の流れ」

突然心肺停止した人を救命するためには、すぐに119番通報、心肺蘇生、AEDの使用を迅速に行い、二次救命処置につなげるという4つが連続性を持って行われることが必要です。

1 119番通報

患者に反応がなければ、119番通報とAEDの手配をする。

2 心肺蘇生

患者に心肺蘇生を行う。

3 AED※の使用

音声ガイダンスに従って、AEDを使う。

4 二次救命処置

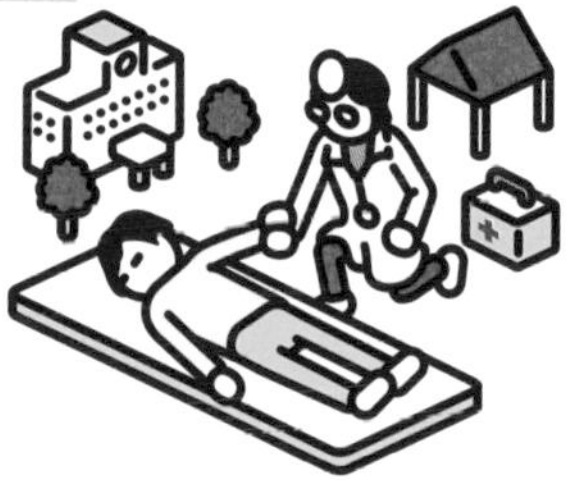

病院などに搬送し、医師に診断してもらう。

※ 強い電流を一瞬流して心臓にショックを与えることで、心臓の状態を正常に戻す機能を持っています。

心肺蘇生法

心肺停止から1分ごとに、救命率は7～10%下がります。その間にできることが心肺蘇生です。勇気を持って行いましょう。

1

肩をたたいてみて、反応がなかったら、119番通報とAED搬送を周囲に依頼する。

2

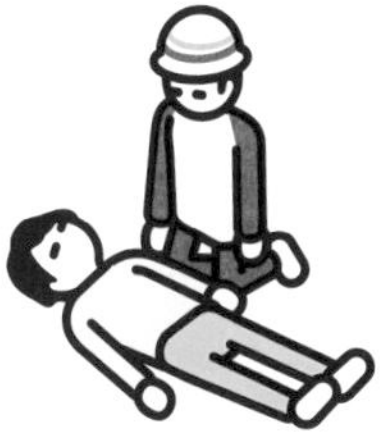

胸と腹部の動きを見て、「ふだん通りの呼吸」をしているかを、10秒以内で確認する。

3

呼吸がない、もしくは異常な呼吸であれば、胸骨（胸の真ん中）圧迫を30回行う。

4

③④を救急隊にひきつぐまでくり返す

約1秒かけて胸の上がりが見える程度の量の息を2回、口から吹き込む。※

※血液や嘔吐物で感染の危険がある、または人工呼吸用マウスピースがない場合は、人工呼吸を行わず、胸骨圧迫のみを行います。

AEDの使い方

AEDが届いたら、すぐに使用する準備をします。音声メッセージとランプで手順を教えてくれます。

1

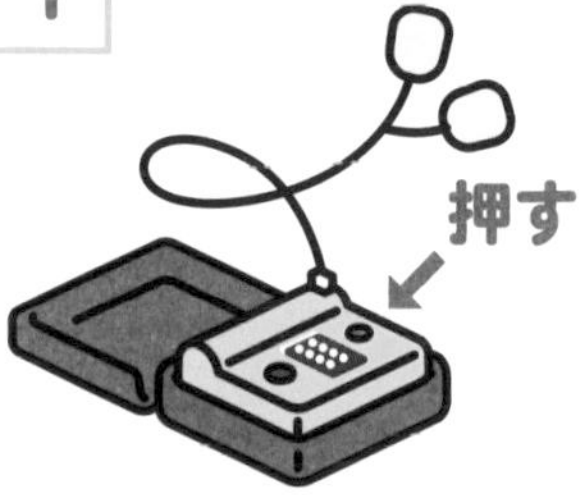

電源スイッチを押して、AEDの電源をオンにする。

2

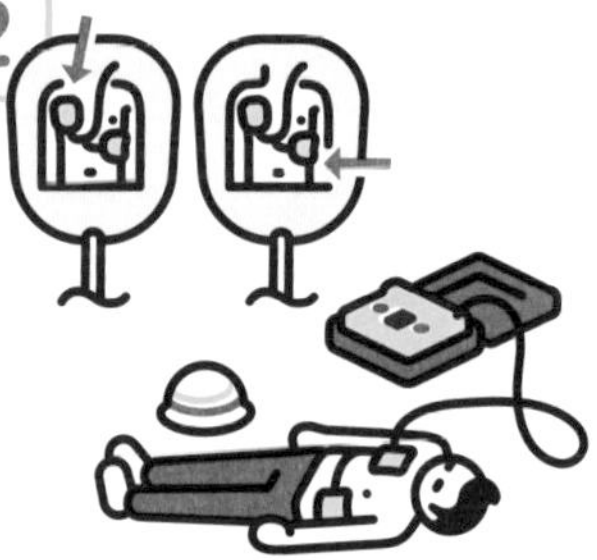

パッドに描いてある図をよく見て、2つのパッドを胸に貼る。

3

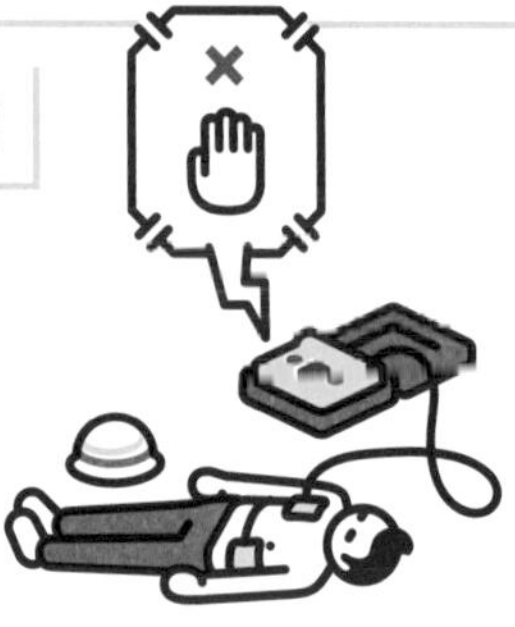

音声メッセージにしたがい、離れて体に触れないようにする。

4

赤いボタンを押すと電気ショックが作動する。

POINT

6歳ぐらいまでは小児用電極パッドを貼るようにしましょう。小児用がなければ、大人用を使うこともできます。

止血の応急手当

出血している傷口を、ハンカチなどで強く押さえて止血する直接圧迫止血法が、最も基本的で確実な方法だと言われています。まず直接圧迫止血を行い、さらに医師の診療を受けましょう。

1

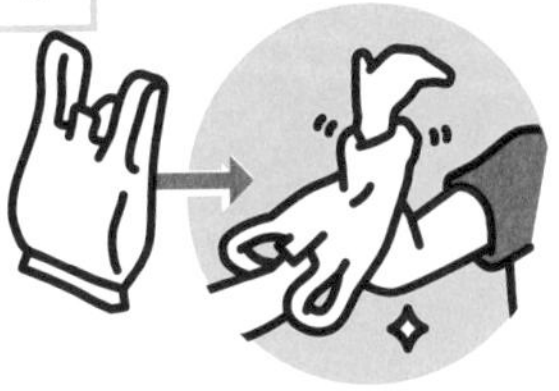

レジ袋などに手を入れ、
直接血液に触れないようにする。

2

清潔なガーゼやハンカチなどを
傷口にあて強くおさえる。

3

傷口を心臓よりも高くあげる。

4

止血ができれば、包帯やハンカチ、
ネクタイなどで固定する。

POINT

▶直接傷には触らない
▶心臓より高い位置で止血する

骨折の応急手当

骨折した部分が動くことによって起こる二次的な損傷の防止と苦痛を和らげるために、そえ木代わりとなるもので固定することが重要です。

1

折れた骨を支えるためのそえ木になるものを用意する。

2

折れた骨の両側の関節とそえ木を、布などで結び固定する。

3

三角巾やレジ袋などを使って、固定した腕を首からつる。

4

より安定させるため、つり下げているレジ袋を胸にしばりつける。

POINT

▶そえ木となるものは、患部の上と下の関節を覆うぐらいの長さが適当

▶しばったり固定するのにネクタイを使うと便利

災害時に、希望をつくる力。それは、何よりも「あなた」です。

お話をきいた人
日本赤十字社
救護・福祉部

被災地での医療救護活動をはじめ、さまざまな救援活動を行う日本赤十字社（日赤）が今、日常を暮らす人たちへ伝えたいこと。それは「自分の力」の大きさです。阪神・淡路大震災では、救護された人の8〜9割が地域住民の手によるものだったそうです。地震での負傷は、骨折などの外傷も多く、そばにいる人の応急手当で状態の悪化を防ぐことができます。

一般の人が傷病者の手当をすることは、とても勇気がいると思いますが、安全な場所に移動させ、安静にさせて声かけをしてあげるだけでも、傷病者の痛みを軽くし、不安を取り除いてあげることができます。時には、すぐに手当をすることで救える命もあり、「自分の力」が人を救助する大きな力となるのです。

「その『自分の力』を、皆さんに勇気をもって発揮していただくために、日赤では救急法などの講習を開催しています。この講習を受講していただくことで、『自分にも、苦しんでいる人に何かできるかも』と思えるようになってもらえるはずです。不安を行動に変える赤十字講習を受講して、現場で勇気ある一歩を踏み出していただきたいと思います」

Check！　応急手当が学べる講習

日赤の講習は全国各地で行われており、ニーズに応じて内容もさまざま。また、各自治体の消防でも手当が学べる講習が定期的に行われています。日程・内容は、それぞれ日赤の各支部や、市町村のホームページなどでご確認ください。

日本赤十字社が実施するもの

しっかり時間をかけて学びたい人に。満15歳以上が対象。教材費など実費あり。

http://www.jrc.or.jp/activity/study/join/

各自治体の消防で実施するもの

まずは受けやすい場所で学びたい人におすすめ。主に中学生以上が対象。無料。

また、新型コロナウイルス感染症による非常事態下でも、「人の力・自分の力」は、その強さを発揮します。

「未知のウイルスには、『病気』、『不安』、『差別』という三つの顔があります。この感染症の怖さは、未知の病気が不安を招き、不安を遠ざけようとして差別が起こり、差別されるのを恐れて受診をためらうことが、さらなる病気の拡散につながるという、負の連鎖があることです。病気を拡げないための感染対策はもちろんですが、不安に振り回されないこと、差別に加担せず、他者を労い、敬意を払って、社会の連帯感を保つことが必要なのです」

ひとりひとりが心の健康を保ち、自分なりにできることや役割を考えて行動する。これが、未知のウイルス感染症が生みだす負の連鎖にブレーキをかける、重要な手立てになります。

「命だけでなく、人間の尊厳を守るためにも、『人の力・自分の力』を高めることが、とても大切なのです」

8

あの手この手を知っておく！連絡手段

MEANS OF COMMUNICATION

災害時を生き抜く、連絡手段。コツは「あの手この手」。

災害時、電話・メール・ＳＮＳのどれがつながり、
どれが使えなくなるかは、実はわかりません。
通信の世界は変化が速く、明確な分析・予測はむずかしいとされています。
でも、その上で、きちんと連絡を取る方法はあります。
それが、「あの手この手」。つまり、複数の連絡手段を持つことです。
まずひとつが、デジタルの連絡手段。
家族の連絡は、グループＬＩＮＥをつくっておくと便利ですし、
フェイスブック・ツイッター・インスタグラムも、ひとつではなく
複数使っておくと、どれかがつながらなくなっても安心です。

つぎに、アナログの連絡手段。
家族で集まる避難場所やルートを決めたり、伝言メモを残したり。
そして、災害用伝言サービス。少し縁遠く感じるかもしれませんが、
携帯電話からも手軽に利用でき、安否確認がしやすい、心強い手段です。
なかでもＳＮＳは、ふだんから使えるというメリットがあります。
発災直後、人はまず「家族は大丈夫か」「無事を知らせたい」と
安否確認の焦りを感じ、その焦りが、
次の行動の中心になってしまいます。
慣れない連絡手段しかないと、ますます焦りはつのります。
みんなでいつも使っている連絡手段を手にしていれば、
発災直後も、冷静さを保ち、正しい行動をとることにつながるのです。
自分の安否を知らせる手段としても、複数に増やしておくと安心です。
もはや連絡手段も、災害時のライフライン。
あの手この手をみんなで持ち合い、いつも使って、備えておきましょう。

家族で決めておく連絡のルール

地震の時、家族と一緒にいるとは限りません。連絡方法をあらかじめいくつか決めておきましょう。

集合場所・避難場所

家族が別々の場所で被災した時、どこで落ち合うか、どこに避難するかを決めておく。

伝言メモの残し方

家族に避難先を伝えるメモを残す場所（玄関の扉の裏側など）を決めておく。

学校や預かり施設の連絡先

子どもやお年寄りがいる家庭は、施設の災害対応を確認しておき、電話番号、メールやSNSの連絡先をメモしておく。

連絡手段を決める

メールやSNS、災害用伝言サービスなど、どのように連絡をとるかを決めておく。また、ふだんから使い方の確認を。

いろいろな連絡手段

東日本大震災では、音声電話に比べ、メールやSNSなどはつながりやすい状況でした。あらかじめ使い方や機能を知っておきましょう。

ショートメッセージサービスやメール

相手の携帯電話の電池消耗を考え、できるだけ短い文面で。

Google パーソンファインダー

名前や携帯番号で、安否情報の登録・検索ができます。

Facebook

被災地にいた場合、安否を確認する通知が届きます。無事だった場合、「自分の無事を報告」というボタンをタップすることで、Facebook上の友達に安否を報告することができます。

Twitter

家族や友だちに自分のアカウント名を伝えておくと、いざという時に便利です。お互いフォローし合っている場合、ダイレクトメッセージを使えば、安否確認のやり取りができます。

LINE

緊急連絡網として「グループトーク」、またそれぞれの居場所を知らせる「位置情報送信機能」、大人数で現在地を知らせ合う時には「LINE HERE」が役に立ちます。

災害用伝言サービスの種類

災害用伝言サービスには3つの種類があります。毎月1日と15日などに体験利用ができます。

災害用伝言板web171

▶『web171』で検索

ネットを通じて、安否情報を登録・確認するシステム。確認した側もメッセージを書き込める。

災害用伝言板

▶各社公式メニューや専用アプリから

携帯電話やスマートフォンの災害用伝言板アプリを使って安否確認ができます。

災害用伝言ダイヤル

▶171をダイヤル

被災地の固定電話もしくは携帯電話の番号を使い、安否情報を録音・再生できるボイスメール。

	災害用伝言板web171	災害用伝言板	災害用伝言ダイヤル
こんな時に	複数の人と一度に安否確認をとりたい時に。	家族や友人と安否を確認し合う時に。	連絡をとりたい相手が携帯電話を持っていない時に。
保存時間	6カ月	サービス終了時まで	サービス終了時まで
登録件数	20件 携帯各社伝言板の伝言も一括検索可能	10件 ソフトバンクは80件	1~20件 被災規模によって変わります
登録文字数／時間	100字／件	100字／件	30秒／件

COLUMN

通信キャリア

災害に強い通信ネットワークへ。日本の通信は、日々進化しています。

お話をきいた人
ソフトバンク株式会社
災害対策室／広報室

被災したそのとき、通信のつながりは命のつながりにもなる。私たちは大震災や風水害のたびにその大切さを実感しています。そして日本の通信ネットワークもまた、その重大な役割を果たそうとさまざまな強化を行っているのです。その取り組みについて、通信キャリアのひとつであるソフトバンクに聞きました。

「携帯電話は当初エリアのカバー率で各社が競っていましたが、スマートフォンの登場でつながりやすさを意識し出した過渡期に起こったのが、東日本大震災でした。携帯が電気・ガス・水道と同じライフラインとなっていた状況から、業界全体が、〝つながる〟だけでなく本当に〝強い〟ネットワークをつくろうという方向へ舵を切りました」

対策は各社に特徴があり、ソフトバンクでは震災後、基地局の電源の増設・耐震化のほか、移動電源車や衛星回線に対応した移動基地局車なども多数稼動可能に。立地や環境に応じて基地局を細かく配置し、よりつながりやすく、多面的に強化しています。

また風水害に関しても、移動基地局車などはもちろん、一人でも運べる軽量の新型衛星アンテナを全国に配備し、人員が少ない状況でも山奥の回線までフォロー可能に。基地局

通信キャリア

には長期停電に備えて移動電源車を迅速に稼働させ、保守メンバーだけでなく有志社員も参加して燃料確保など必要な活動をサポート。２０１９年10月に起きた台風19号の被害時はのべ３１４２人の社員が参加し、基地局が被害を受けてから、異例の速さの4日で回線を復旧しました。この速さを実現した要因は、「備えること」だったといいます。

「今までの教訓を生かして、まず襲来前に対策本部を設置しました。事前に取り入れておいた災害対策のための機器配備やチーム力を最大化して、広範囲の被害にも対応できた。通信インフラを守る強い使命感を全社員が持ち、今後も万全の備えを続けます」

では、通信は進化している一方、私たちができることはなんでしょうか。

まずは災害時に通信規制が起こった際に不要不急の通話を控えるなど、通信維持への協力。通信規制はアクセス集中による大規模障害を防ぎ、緊急ＳＯＳなどを通すために必要です。そして、一番大切なことは、普段使う通信ツールをできるだけ増やしておくこと。

「端末・アプリなど、複数の連絡手段を持つのがとても大切。実はキャリア各社は災害対策の連携をしています。万全にしていても非常時はどの回線が生きるかわからない。各社、対策の中身は違い、その多様性によって通信をカバーできればという意識があります」

今は通信規制といえば電話ですが、今後、災害時にインターネットの使用が制限される時代も考えられます。多くの通信手段を持つことは、リスクを分散することになるのです。

携帯電話という端末は、もっと役立つ防災ツールになれる。

お話をきいた人
Apple Inc.
広報部

日本のスマートフォン（スマホ）普及率は今、約6割強。ただし世代間の差が大きく20代、30代は9割以上※がスマホを保有しています。非常時、最初に手にするものがスマホになる時代。その役割を、開発するアップルはどう考えているのでしょうか。

「そのとき、できるだけ長く使い続けられること。いわゆる『電池のもち』は、災害時に限らず、携帯電話がつねに目指していることでもあります」

ｉＰｈｏｎｅの場合、連続待受時間は新機種ごとに強化されています。通話だけでなく、ネットにつなぎっ放しでも長時間使えること。動画など大きなデータを処理するほど電池を消費しますが、最高画質（４Ｋ）の動画を再生しても、電池の消費を抑えられること。古い携帯は電池の消耗が早くなるという常識にも挑み続け、耐久性も高められています。

電池のもちは、災害発生時の心の持ちようにも深く関係してくるもの。端末の技術革新は速いので、買い換えの際は、防災を意識して選ぶのも手です。さらに端末には、防災にもっと活用できる機能があるといいます。

「ひとつは、端末の持つＧＰＳ機能です。ｉＰｈｏｎｅでは『友達を探す』アプリを標準

※「平成30年版情報通信白書」（総務省）

端末

搭載しています。必ず本人の同意が必要になりますが、家族を登録しておけば連絡を省けますし、一目で居場所がわかるので安心です。また、災害時に役立ったという事例が多いのが、ビデオ通話モードである『FaceTime』。電話回線が使えなくても連絡が取れ、高画質・高音質でストレスも少ない。特に障がいがある方は、手話で連絡できるので日常的に使用する方も多く、シニアの方にも、通話や目視に限らずに連絡・情報収集ができるiPhoneやiPadの活用は広がっています」

また、新型コロナウイルスの影響やその後の新しい日常にも、応えようとしています。

「コロナ禍を受けてすぐのiOSのアップデートで、顔認証（FaceID）機種のマスク着用時のロック解除を容易にしました（方法は次ページ参照）。また外出自粛時は、生活リズムの乱れや、ストレスが問題になりましたが、そういう場合にはスマホひとつでさまざまな管理ができるiOSの機能が役立つかと思います」

活動と休息の時間を分けた表示・通知ができる「NightShift」、見過ぎを防ぐ「スクリーンタイム」、スケジュール管理がしやすい「iCloudカレンダー」機能など。子どものスマホ使用には「ペアレンタルコントロール」でさまざまな管理が可能。

スマホの出現はネットワークを進化させ、数々のアプリケーションや機能の必要性をもたらしました。それは防災の進化へつながっている。可能性はまだまだありそうです。

端末

COLUMN

おすすめ、スマホの災害時設定

●マスク着用時のロック解除

ロック画面の下端から上にスワイプすると、パスコード欄が自動的に表示されます。各アプリのサインインにも対応。Face IDはセキュリティー上非常に安全な方法なので、使用はやめずマスク着用時のみパスコード解除がおすすめです。

●電池のもちをよくする…「低電力モード」「機内モード」

ふだんは「低電力モード」がおすすめ。端末はつねに基地局と通信していますが「機内モード」はこの通信も切る設定で、しばらく使わない時は電源を落とすより効率的(連絡の受信も不可になるのでご注意を!)。

●通話で連絡を取りたいとき…パケット通信での通話アプリ

「FaceTime」など。電話回線を使わないので、電話の通信規制が心配される時に便利です。

●緊急連絡先などのリストやルールの共有…「メモ」にリスト化する/メモごとにロックをかける

家族や会社で決めておく緊急時のルールは、一元管理しておくと使いやすい。各メモごとにロックがかけられるのでプライバシーも安心。

●助けを求める時に備えて…緊急SOS、メディカルID

iPhoneはサイドボタン3回押しで、救急などのSOSがすぐ出せます。また、ヘルスケアアプリやメディカルIDに、緊急連絡先や血液型、アレルギーの有無を登録しておくと安心。

充電のウラ技!	停電時、モバイルバッテリーもないときはノートパソコンなどUSBポートがある機器に接続すればスマホを充電できます。

もはや遊びではないSNS。そのアカウントが、あなたを守る。

お話をきいた人　ツイッタージャパン株式会社 広報部

震災時の活躍から、非常時の情報共有や連絡手段としてメジャーな印象のあるツイッター。しかしそれはまさに、東日本大震災で始まったものでした。

「実は日本オフィスは、震災1週間前に設立されたばかりでした。貸し事務所に社員は3人。米国本社の日本人エンジニアが、日本からのアクセス急騰を見て、いそいでサーバーの強化を手配しました。あの時、電話が使えず、ツイッターは生きていた。使われた理由はその偶然だったと思います」

それまでは個人使用がメインだったツイッターは、震災3日目に首相官邸が災害情報の発信ツールとして採用したことを機に、一気に広がっていきました。

「私たち自身も全容が把握しきれず、その後ヒアリングや調査を広く行いました。あの時、ツイッターは何ができたか、できなかったかを分析したのです」

非常時のSNSの役割を最前線で体感してきたツイッターは、その知見を技術やサービスに生かし続けています。これからの防災へ、使い方のコツを聞きました。

「非常時はまちがった情報に振り回されやすい。ツイッターは速いぶん情報が流れてしまう面もあるので、確実な情報を入手するには、公的機関や専門家による情報発信を活用するのが安心です。今はＳＮＳを活用する自治体も多く、大手メディアでは報じられない地元に根ざした情報をいち早く伝えられ、さらに知事や市長といった身近なリーダーの声は、住民の信頼感・安心感にもつながります。その効果を最大化するため、私たちも自治体に向けて、投稿など使い方のレクチャーを行い、支援しています」

新型コロナウイルス後の日常も含め、非常時のＳＮＳは情報面だけでなくメンタルにも深く関わります。ツイッターでは、メンタルヘルスの重要性を考え「＃ＴｈｅｒｅＩｓＨｅｌｐ」の試みも始めています。これは悩みを抱えた人に必要な情報をシェアし、場合に応じて助けを求めるよう勧める検索機能のサービスです。

「ＳＮＳは、ふだんの使い方そのものが防災になると思います。あくまでプラットフォームであって使われ方は変化するので、使い続けるのが大切。情報収集に慣れておく。連絡手段として実生活の友人ともつながっておく。さらに、さまざまな状況がある災害時、ツイッターがつながる確証はありません。それはほかのＳＮＳも同じですから、複数のＳＮＳを使うほうがいいでしょう。さまざまな手段を持てば持つほど、命綱も増えるのです」

フェイスブック、インスタグラムなど多彩なＳＮＳの利用者数は年々拡大し、つながる範囲はまさに世界規模。それは災害時に、助けや知恵とつながる規模でもあるのです。

巨大なデータにふりまわされない。情報の引き出しは、決めておく。

お話をきいた人

グーグル株式会社 クライシスレスポンスチーム

ネット上の情報が膨大になる一方で、情報の選び方も複雑になっている、今の私たちの生活。そんな中、誰もが使いやすい情報提供サービスをつくりあげているのが、世界規模の検索サイト「グーグル」です。

グーグルは、災害時に必要な情報に簡単にアクセスできることを目指した「クライシスレスポンス」という取り組みを行っています。「クライシスレスポンスサイト」の主なメニューは二つ。安否情報を検索・登録できる「パーソンファインダー」と、ネット上の地図「グーグルマップ」に災害関連情報をレイヤーとして重ね、見たい情報だけを一望できる「災害情報マップ」です。災害時は、道路の通行実績情報や、情報があれば給水・給油・炊き出しポイント、使えるトイレ・スーパーなど、きめ細かな情報が更新されます。

また、台風の接近エリアには進路を表示、地震の場合は災害カードを表示し、震源地や揺れなどの情報がマップで確認できるサービスなどもあります。これらはグーグルマップのナビ機能にも反映され、正しい情報を早めに得て、被害を避ける助けになります。

「クライシスレスポンスサイトの情報は、さまざまな機関や企業、現地の方などからの提供情報を整理し、アクセスしやすくしたもの。グーグルは情報をつくりだすのではなく、そこにある情報を、最良のかたちで生かすサービスを考えるという立ち位置なのです」

たとえば東日本大震災発生時の「パーソンファインダー」では、被災三県の県庁や警察庁、避難所に貼りだされた避難者名簿や「災害用伝言板」、報道機関が集めた安否情報など、バラバラだった情報を整理、検索可能に。

「パーソンファインダー」は東日本大震災以前にも米国等で利用されていました。開発の裏には、それ以前のハリケーン・カトリーナで多数のウェブサイトが安否確認サービスを提供し、似たようなデータベースが複数乱立した反省があり、パーソンファインダーは現在、複数のデータベース間で同期ができるしくみになっています。世界の災害での経験を踏まえつつ、日本語での検索性能などを改善しました。通常時も試せるようにしてあるので、まずは触ってみて使い慣れておくと、緊急時にあわてずに使えると思います」

コロナ禍では、検索時に「ＳＯＳアラート」で、ＷＨＯや国の最新情報を表示するサービスを提供。同時に、ＹｏｕＴｕｂｅではコロナ禍を利用した広告をブロックし、誤情報による混乱や不安を防ぐ取り組みも。ブロックされた広告は６週間で数万件に及びました。可能な範囲で、感染症対策の専門家などに有用なデータを提供する支援も行っています。

災害時のニーズと、集められる情報に応じてサービスをつくるため、平常時から「これ

「クライシスレスポンスサイト」でできること

パーソンファインダー（安否情報）

災害発生時に運用開始されます。多言語対応。災害の収束に伴い安否情報も削除されます。平常時も体験版として使えます（情報は24時間で削除）。

- 人を探している

人の名前、名前の一部、携帯電話の番号を入力して、登録された安否情報を検索できます。

- 安否情報を提供する

自分または他人の安否情報を登録できます。

防災マップ

東京都の情報に基づく防災マップ。首都直下地震時に心強い。

災害情報マップ

知りたい情報のレイヤーを選べば、エリアや地点が地図上に表示されます。

- 地震と津波情報
- 気象情報、気象警報・注意報
- 台風経路図
- 雨雲レーダー
- 避難所情報
- 公衆電話・災害時用公衆電話（東日本のみ）
- 交通状況

以下は熊本地震発生時、対象地域での項目。状況に応じて内容は変わります。

- 避難所
- スーパー営業情報
- 炊き出し＆支援物資集積地点
- 給油可能なガソリンスタンド
- 給水所
- 営業中の銭湯・温泉
- トイレ
- 上空からの写真による地図表示

をする」という枠組みを決めたりはしません。それは、姿を変えやすい情報を相手に、つねに的確な対応をするための姿勢でもあります。

さらに、情報提供の姿勢として、信頼性はもちろん、使いやすさも改善され続けています。『Googleでいますぐできること』というコンテンツを設けて、社会の状況に合わせて有用な情報を、誰もが使いやすいようにまとめています。たとえば現在のコロナ禍の状況では『家で楽しく過ごす』『テレワークにシフトする』などの個人向けの整理から、中小企業向けのリソース、教育機関向けのサービスも簡単に探せます」

情報の錯綜にあわてないことはとても大切。情報提供サービスも日々進化しているなか、その心強い「知恵の引き出し」をきちんと知り、使っておく。そんな対策も、防災のひとつです。

9

本当に役立つ
防災グッズ

USEFUL DISASTER KIT

「災害時しか使えない」から、「災害時も、使える」ものへ。

防災グッズには大きく三つの種類があります。
家に置いておく「在宅避難グッズ」、
リュックに入れておく「避難用グッズ」、自分を守る「持ち歩き用グッズ」。
備える時間も場所もない！　と思いがちですが、
ふだんも使えるものを選ぶのがコツ。専用グッズでなくても、
工夫次第で災害時に便利に使えるものはたくさんあります。
買い置きも携帯品も、ふだんの延長。それが、理想的な防災グッズです。
さらに、在宅避難を念頭に置いて備えるために、
少し意識を、アップデートしておく必要があります。

それは、グッズの備えは、「持っていればＯＫ」ではなく、
「必要な量を持っている」ことが大事だということ。
電気、ガス、水道の復旧には時間がかかり、避難生活は長期戦。
物資の配送・補給は止まり、支援品にも限りがある。
コロナ禍の買い占めによる物資不足より、はるかにハードな状況です。
つまり、これからは、専門的な防災用品だけでなく、
ラップやトイレットペーパーといった生活用品も、多めにストックし、
さらに、その量をキープし続けることが大切なのです。
非常食と同じく「ローリングストック法」なら
無理なく備えやすく、災害ではなく世界情勢などによる
物資不足や買い占めにも、安心です。
物資の余裕は、気持ちの余裕。備えれば、分かち合い、助け合える。
やさしさが、大きな力になる災害時。
備えた量はその時、想像よりずっと、頼りになるはずです。

カセットボンベ

▶15本（1ヵ月分）

温かい食事のための必需品。ボンベ1本で約60分使用可能。

非常食

▶84食（7日分）

好みの味のレトルト食品やフリーズドライ食品を。

水

▶2L・6本入りの箱を5箱（7日分）

家族全員の飲料水として。

クーラーボックス

▶1個

停電時の冷蔵庫代わりに。保冷剤も一緒に用意を。

新聞紙

▶朝刊10日分

紙食器や手づくりトイレ、防寒など、多目的に活用。

ラップ

▶ロングタイプを7〜8本

食器に被せて使えば洗う水の節約が可能。

携帯トイレ

▶140個（7日分）

水洗トイレが使えない場合に備えて携帯トイレの準備を。

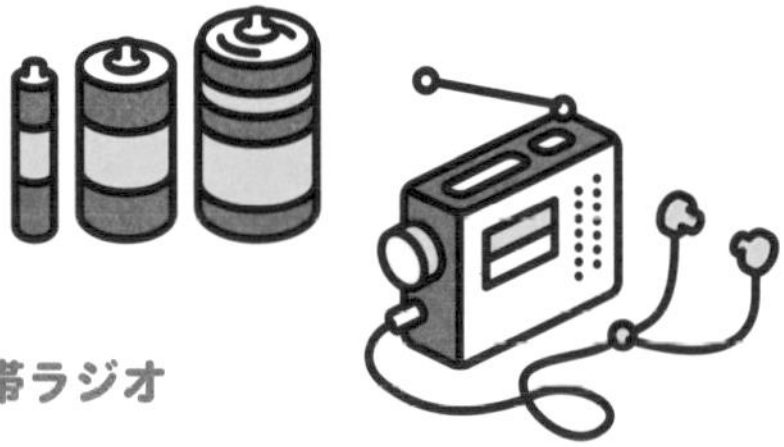

携帯ラジオ

▶1個

停電時の正確な情報収集に。電池も忘れずに。

家に置いておく「在宅避難用グッズ」

日用品と区別せずに置いておき、普段から使いながら補給する「ローリングストック法」がおすすめです。家族の人数に合わせて必要数量をしっかり備えておきましょう。

ランタン

▶最低3個（できれば部屋数）

リビング、キッチン、トイレに
1個ずつ。

ポリ袋

▶大200枚、中・小 各50枚

調理、水の運搬、トイレなど、
多用途に使える。

体ふきウェットタオル

▶12枚入りを10パック（1ヵ月分）

ひとりで背中まで、また1枚で
全身が拭けるサイズのものを。

口腔ケア用ウェットティッシュ

▶100枚入りボトルを7本（1ヵ月分）

断水時も常に口の中を
清潔に保って感染症予防を。

※数は4人家族を想定したものです。

高齢者用グッズ

高齢者の持病や健康状態によって必要になるものは異なります。高齢者用の支援物資は手に入りにくいので、ふだんの生活で必要な物は、きちんと揃えておきましょう。また「家に置いておくグッズ」の中でも、薬、口腔ケア用ウェットティッシュ、携帯トイレは、高齢者の健康に大きく影響してくるため、多めに備えておきましょう。

入れ歯の洗浄剤

老眼鏡

大人用おむつ
失禁パッド

携帯用杖

補聴器

おかゆなどの
食べやすい非常食

乳幼児用グッズ

紙おむつとおしりふき、ミルクなどは、災害時に手に入りにくくなります。必ず多めに用意しておきましょう。

紙おむつ

おしりふき

粉ミルク
液体ミルク

水筒

おやつ

母子手帳

おもちゃ･絵本

抱っこひも

使い捨て哺乳瓶
地震で割れにくく、消毒不要で避難先で便利。

爪切り
爪を切ってあげられなくて困ったという声も。

子ども用の靴
子どもの足に合った靴は手に入りにくい。

ペット用グッズ

これまでの地震では、犬や猫と一緒に避難することが難しいため、ペットを置き去りにせざるを得ないケースがたくさんありました。犬や猫と避難生活を送るには、周囲の理解と共に飼い主の事前の準備が必要です。

エサと水

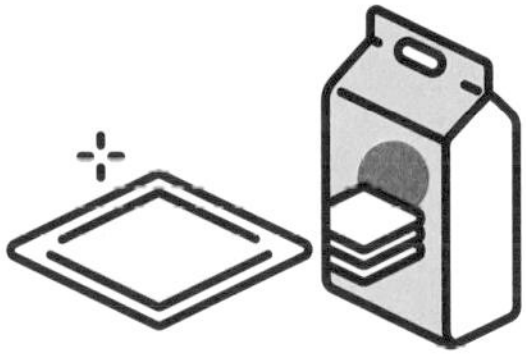

簡易トイレ、ペットシーツ

ソフトケージ

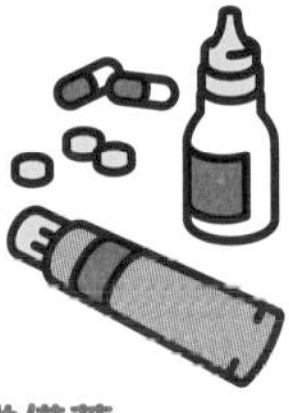

常備薬

リード

新聞紙

ケージに敷いたり、排せつ物の処理に使ったりできる。

ポリ袋(大、中、小、各数枚ずつ)

排せつ物を入れたり、食器の代わりに使ったりできる。

テント

ケージ代わりに使える。ただし熱中症に注意。

リュックに入れておく「避難用グッズ」

避難のため移動する際や避難場所で役立つおすすめグッズです。すぐに持ち出せるように普段からリュックに入れて準備しておきましょう。

革手袋

レインコート

タオル

口腔ケア用ウェットティッシュ

ポリ袋・レジ袋

携帯トイレ

マスク

電池交換式バッテリー

ラップ

水・食料

長期生活に入れば配られるが、一時滞在時には配られない。手軽に食べられるものを各自で準備。

アルコール消毒液

小さいボトルに移し替えると便利。

スリッパ・体温計

感染症予防のために、自分専用のものを準備。

持ち歩き用グッズ

いつどこで地震が起きるかわかりません。飲料水以外はすべて、ポーチなどに入れて持ち歩くことができる大きさです。いつも鞄の中に入れておきましょう。

携帯ラジオ

ヘッドライト

マスク

口腔ケア用
ウェットティッシュ

ポリ袋・レジ袋

帰宅支援マップ

ホイッスル

携帯トイレ

常備薬

飲料水

非常食（チョコ・飴など）

エマージェンシー
ブランケット

防風・防水・防寒用の薄手のシート。静音性のものを。

電池交換式
バッテリー

携帯電話やパソコンでの安否確認や情報収集に必須。

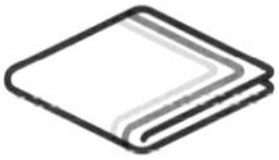

大判ハンカチ

マスクや応急手当など、多用途に使えます。

ローリングストック法で備蓄する

いざという時に十分な備蓄量がなければ意味がありません。食料品や水と同様、日用品も使ったら補充する「ローリングストック法」で、普段から十分な量の備蓄を心がけましょう。

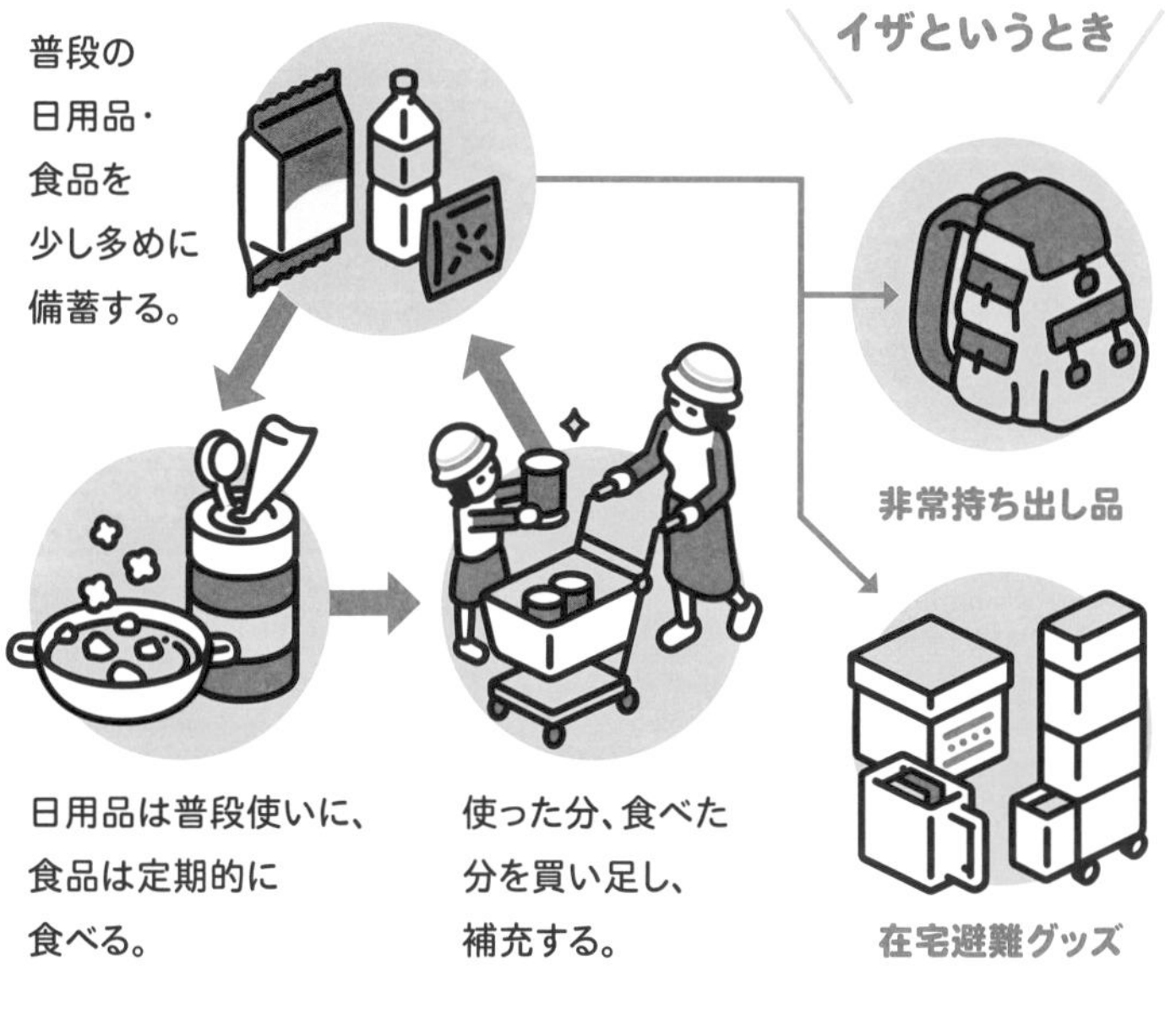
普段の
日用品・
食品を
少し多めに
備蓄する。
イザというとき
非常持ち出し品
在宅避難グッズ
日用品は普段使いに、
食品は定期的に
食べる。
使った分、食べた
分を買い足し、
補充する。

POINT

- 日用品はローリングストック（定期便を活用するのも有効）
- 持ち出し用のグッズはリュックに
- 1ヵ所にまとめて収納するのではなく、キッチン、寝室、子ども部屋など数カ所に分けて収納する「分散備蓄」がおすすめ

おすすめの防災グッズ

NPO法人プラス・アーツが独自のリサーチによってセレクトしたおすすめの商品を紹介します。今こそもう一度、身の回りの点検を行い在宅避難用グッズを必要数量しっかり備えましょう。

Amazon

楽天

各商品の機能を保証するものではありません。

10

防災×工作

HANDICRAFT

災害時の「つくる」は、あなたの心を、つよくする。

ものが足りない。そして、先が見えない。
災害時特有の状況は、人の心を、とても不安にします。
どうしたらいいかわからなくなったら、こう思ってみてください。
「つくればいいじゃないか！」
代用品をつくって乗りきる、「つくってまもる」という考え方です。
この「つくってまもる」には、ものをつくるだけでなく、
もうひとつの力があります。それが「楽しみもつくる」ということです。
不安が世界中にあふれたコロナ禍でも、ストレス解消法として
「つくる」コンテンツがとても人気を集めましたが、

これは、自然災害のときも同じです。
いえ、自然災害のときこそ、「つくる」はより強い力を発揮します。
コロナ禍と違うのが、災害時、テレビは見られません。
スマホも気軽に使えません。不安はもっともっと大きいのです。
そんななかで、何かをつくることは、それ自体がとても楽しいもの。
つくったものに、顔を描いたり、色を塗ったりするだけで和みます。
そして不思議なのが、つくっていると、
心がどんどん生きようとすること。
つくりながらアイデアがふくらみ、それを見た誰かが、
新しいアイデアを出したり。つくったものが次の何かにつながり、
その輪はどんどん広がって、みんなが強くなっていく。
考えてみれば、太古から、人間はそうやって生きてきました。
生きる知恵をつくる。生き抜く本能を呼び覚ます。
この章で紹介するのは、その、はじめの一歩です。

紙食器

食器がない場合は、新聞紙などで簡単にお皿をつくることができます。ポリ袋やラップをかぶせれば、温かいものや汁物も食べられます。

1

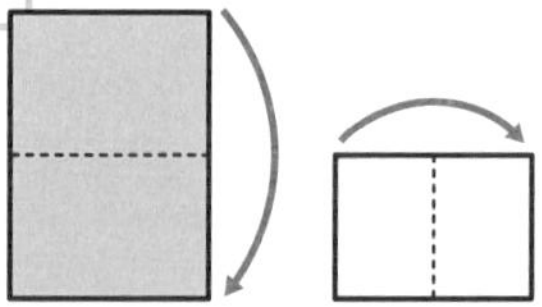

半分に折った後、さらに横に半分に折り、折り目をつけてもどす。

2

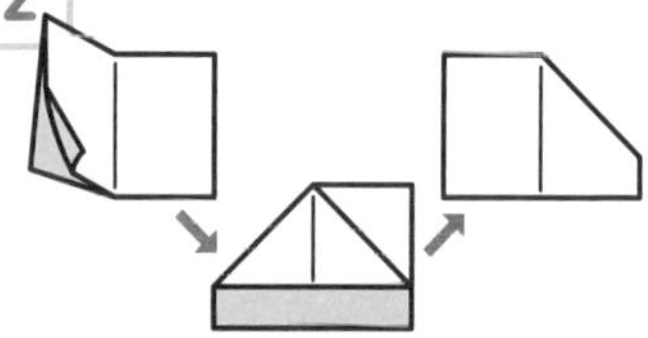

左端を三角形に開き、「おうち」の形にしたら、裏返す。

3

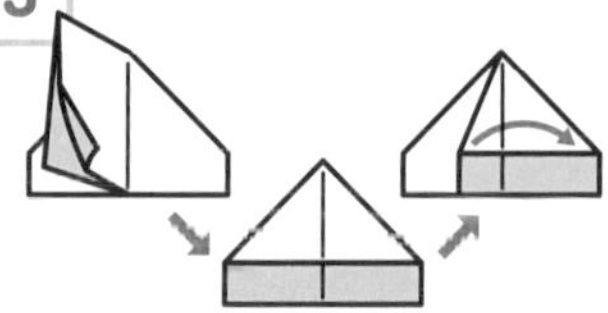

裏側も2と同じように開いて「おうち」の形にし、重なっている紙の１枚目を反対側にめくる。裏側も同じようにめくる。

4

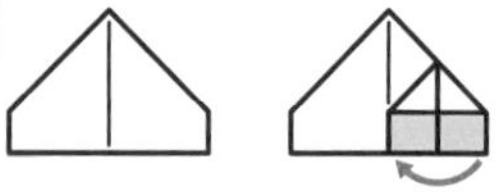

左右の重なっている紙の1枚目を、真ん中に向かって両側を折る。

5

斜線部分を上に折る。

6

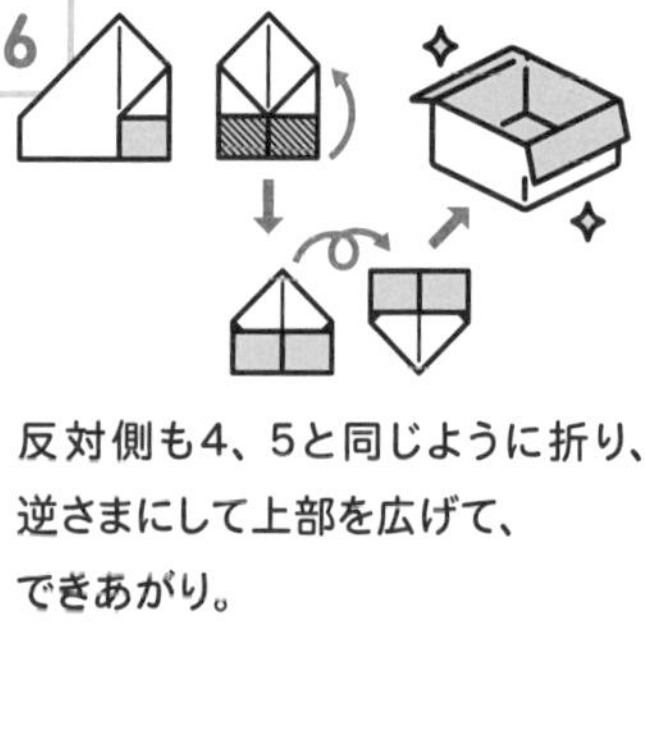

反対側も4、5と同じように折り、逆さまにして上部を広げて、できあがり。

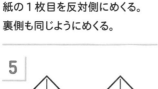

キッチンペーパーでマスク

マスクがない場合は、キッチンペーパー、輪ゴム、ホッチキスで、簡易マスクをつくることができます。

1

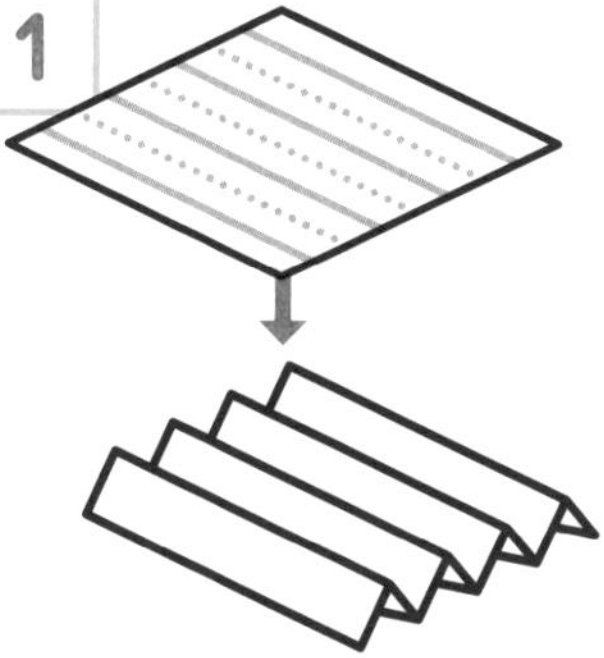

キッチンペーパーを蛇腹に折り、
短冊状に折りたたむ。

2

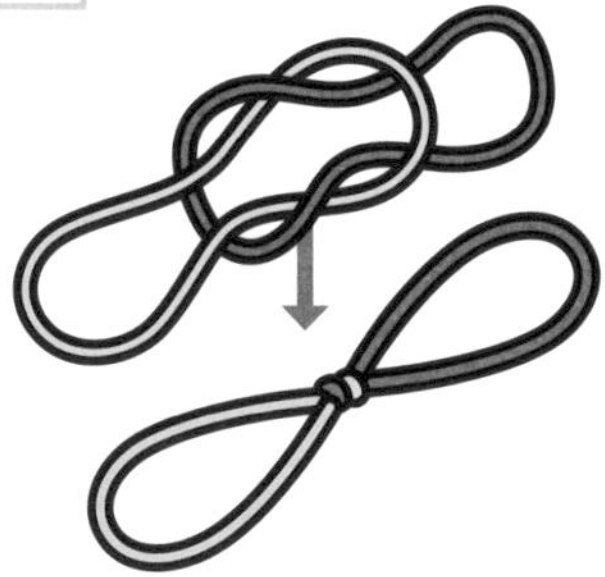

２本の輪ゴムをつなげる。

3

蛇腹折りしたキッチンペーパーのはしを折りこみ、輪ゴムをかけ、
外れないように、
ホッチキスでとめる。

4

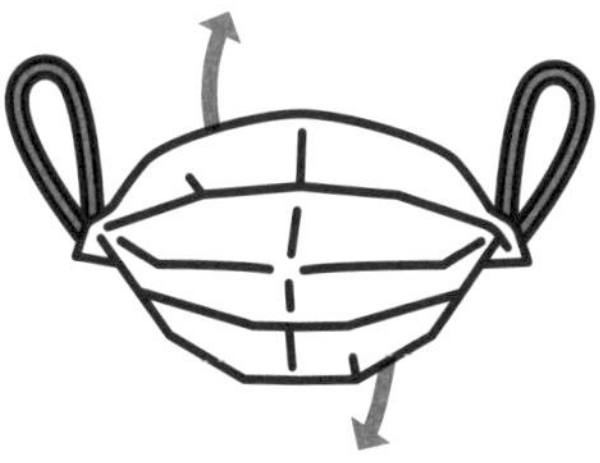

両サイドできたら、
キッチンペーパーを広げる。

段ボールベッド&スリッパ

段ボールでベッド、段ボールと新聞紙でスリッパをつくることができます。

段ボールベッド

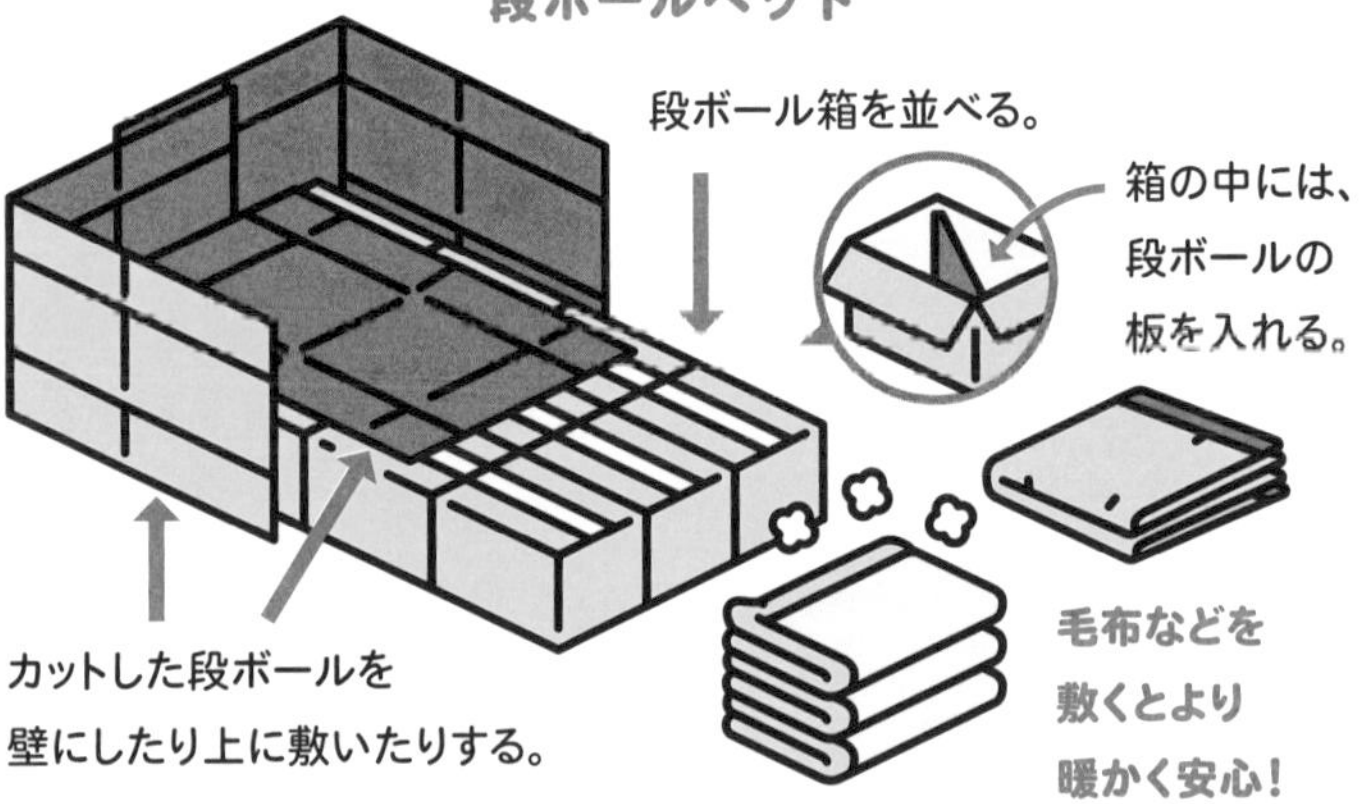
段ボール箱を並べる。
箱の中には、段ボールの板を入れる。
カットした段ボールを壁にしたり上に敷いたりする。
毛布などを敷くとより暖かく安心!

段ボールスリッパ

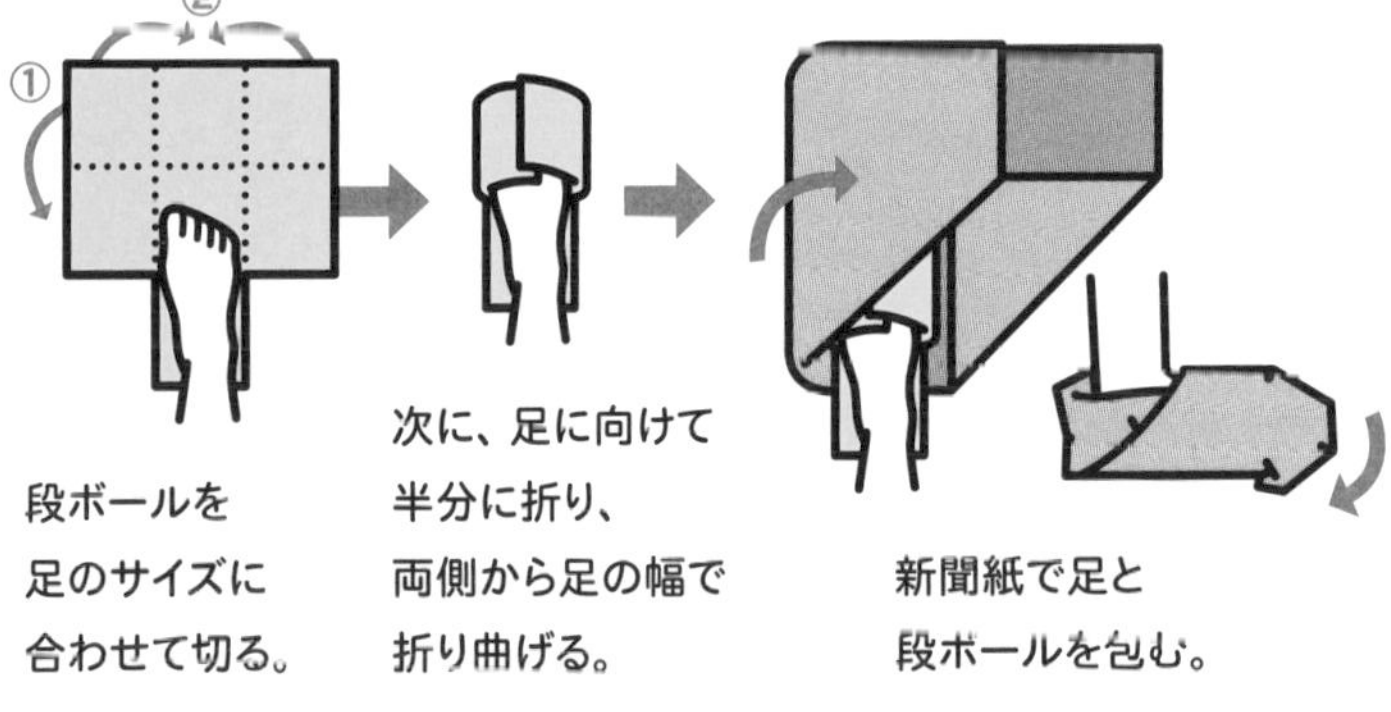
②
①
段ボールを足のサイズに合わせて切る。
次に、足に向けて半分に折り、両側から足の幅で折り曲げる。
新聞紙で足と段ボールを包む。

段ボールの断熱効果で寒い避難所でも安心!

ポリ袋でポンチョ&ブーツ

ポリ袋とはさみでポンチョ、ポリ袋とひもで防災ブーツをつくることができます。

ポリ袋でポンチョ

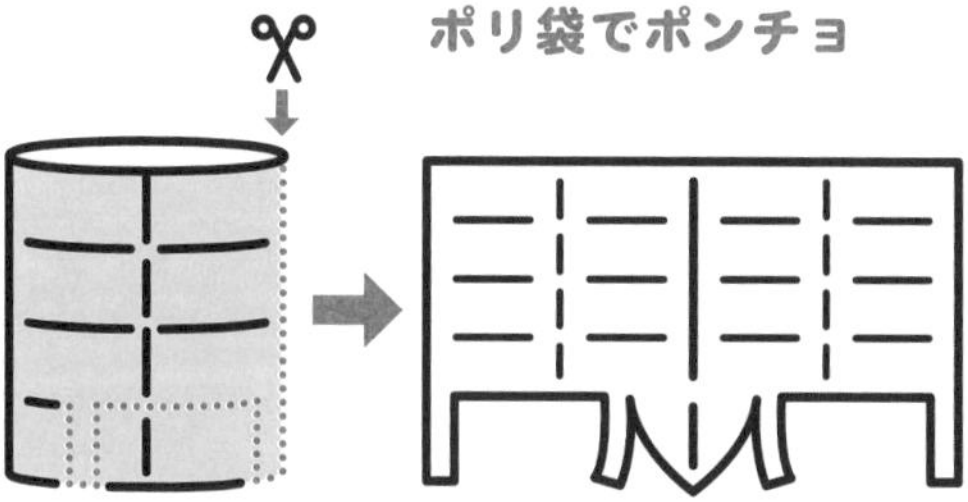

ポリ袋を点線に沿ってはさみで切る。

頭からかぶり、ひもを結んで身につける。

片手がふさがる傘よりも、両手があくポンチョが有効

ポリ袋で防水ブーツ

1

靴を履いたままポリ袋に足を通し、足に向けて折る。

2

長いひもをつま先裏から膝上まで巻きつけ、ポリ袋の口を裏返す。

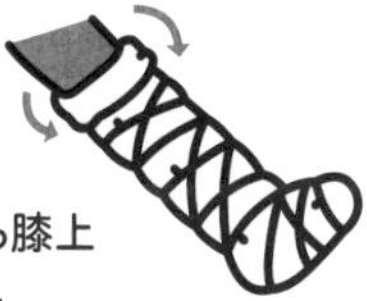

3

短いひもをつま先に巻いているひもに通して結ぶ。

4

くるぶしの位置で巻きつけ結んで固定する。

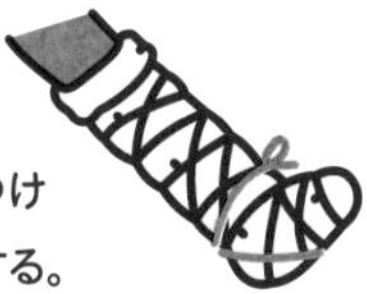

空き缶ランタン＆懐中電灯ペットボトル

空き缶、ティッシュ、アルミホイル、サラダ油、カッターナイフで、簡易ランタンをつくることができます。また、懐中電灯にペットボトルを載せると、まわりを明るく照らせます。

空き缶ランタン

1

アルミ缶を
カッターナイフ
で切りぬく。

2

細く巻いた
ティッシュに
アルミホイルを
2周巻きつけて灯心をつくる。

3

灯心をアルミ缶にはさみ、
油を注いでティッシュに
浸み込んだら火を灯す。

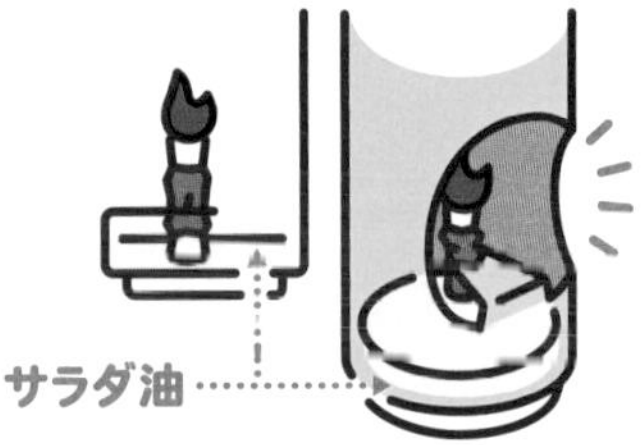

懐中電灯ペットボトル

懐中電灯の上に、
水を入れたペットボトルをのせる。
凹凸のあるペットボトルの方が
明るくなる。

おわりに
備えることは、きっと社会も、変えること。

「災害大国は、防災大国にもなれる」。そんな言葉があります。

毎年のように起こる自然災害。そして今年は世界規模でのコロナ禍を経験。大きなダメージの一方で、誰もが、災害を以前よりずっと身近に感じつつあると思います。

コロナ禍では、世界規模の経済ダメージ、不安から来る買い占め、誤情報の拡散、差別問題など、かつてなくハードな状況に直面しました。

でも、そんななか、希望の声も、確かに聞こえてきたのです。

「人との絆が深まった」。「人の思いやりを感じた」。「助け合いを実感した」。

外出自粛でも楽しむ工夫をしたり、物資を分かち合ったり、感染抑止を目指してひとつになったり。「誰か」の大切さを感じた人も、多かったのではないでしょうか。

そして私たちは、「備えること」のもうひとつの可能性も、実感できた気がします。たとえば在宅避難とそのための備蓄は、家族を守るのはもちろん、物資や場所を、本当に必要な人に譲れる手段でもあります。余裕があれば、困っている誰かも助けられる。備えが、そして備えた人が多いほど、地域そのものが災害に強いチームになれる。

災害は起きるけれど、そこに「いいこと」は必ずつくれます。誰かが分けてくれた備えが、自分だけを助ける手段ではなく、誰かを助ける手段として広がったように。

……とはいえ、「頭では分かるけど、なんか腰があがらない」。そう、それも防災のリアルなのです。自分は大丈夫だろうと思ってしまう人間の心理もあったりします。

だからこそ、みんなが「実行する」ためには、「モシモ」と日常の「イツモ」の壁をなくすことが一番。そのために、私たちは、今までもこれからも、がんばります。

あの阪神・淡路大震災の頃と比べれば、「防災」という言葉はとても広がりました。でもその言葉の中身は、ずっと更新していかねばならないと強く感じています。たとえば在宅避難ができる場所に住むために、引っ越したっていい。そんな価値観が広がってもいい。災害は今も迫っているけれど、防災も、みんなで進化できるのです。

ひとつずつでもいい。たまにページを開くだけだって大丈夫です。

「イツモ」が変われば、「モシモ」も変わる。その力を、あなたも信じてみませんか。

2020年7月　防災イツモプロジェクト

出典

1章

P.14 …… 毎日新聞朝刊 2016 年 5 月 14 日

4章

P.54 …… 「熱中症環境保健マニュアル　2014」環境省

5章

P.62 , 63 …… 「東日本大震災 3.11 のトイレ」
NPO 法人日本トイレ研究所

P.68 …… 兵庫医科大学　泌尿器科学教室
ホームページ

防災イツモプロジェクト メンバー

監修

NPO法人プラス・アーツ

2006年、現在の理事長である永田宏和が設立。企業や自治体、地域団体とともに、防災教育のプロジェクトを展開。また、一般向けに暮らしの防災講座「地震イツモ講座」を数多く開催している。
http://www.plus-arts.net/

イラスト・デザイン

寄藤文平（よりふじ・ぶんぺい）

1973年、長野県生まれ。グラフィックデザイナー、イラストレーター。JT広告「大人たばこ養成講座」をはじめ、広告やブックデザインに携わる。著書に『死にカタログ』『数字のモノサシ』『元素生活』『ラクガキ・マスター』、共著書に『地震イツモノート』『ウンココロ』『ミルク世紀』などがある。

文

梶谷牧子（かじたに・まきこ）

1978年、長野県生まれ。編集者、ライター。出版社勤務を経て独立。主に広告での編集・執筆に携わるほか、著書に『お母さん1年生 子どもが病気になったとき読む本』など、多分野で活動している。

本書は、『地震イツモマニュアル』
（単行本2016年8月、文庫2019年8月、
ポプラ社刊）の内容を大幅に加筆修正し、
タイトルを変えたものです。